Klaus Oberbeil

Abnehmen mit Apfelessig

Auf sanfte Weise zur Idealfigur: Durch die Heilkraft des Apfelessigs den Körper entschlacken und überflüssige Pfunde abbauen. Mit der erfolgreichen Vier-Wochen-Kur

LUDWIG

Inhalt

Schlank mit Apfelessig – in nur vier Wochen.

Mit der Waage lassen sich Abnehmerfolge kontrollieren.

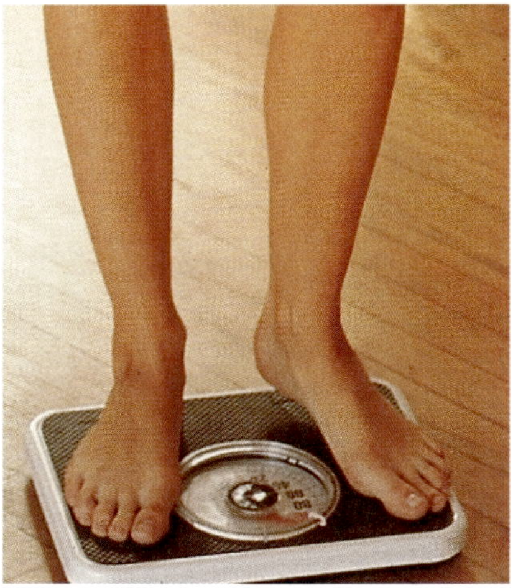

Bewegung an der frischen Luft macht fit.

Vorwort

Vom guten Essen und seinen Folgen

In den vergangenen Jahren und Jahrzehnten ging es den Menschen in allen Industriestaaten immer besser: Es gab stets reichlich zu essen. Zuerst wollte sich die Kriegsgeneration nach den Hungerjahren richtig satt essen, dann kamen die ausländischen Restaurants in Mode. Zum Essen auszugehen wurde ein Statussymbol. Schlemmen nach Lust und Laune – das könnte durchaus als Wahlspruch der letzten Jahrzehnte gelten.

Nach und nach wurden die Menschen immer satter – und dicker: Fettleibigkeit und Übergewicht wurden die beherrschenden Themen. Bald kamen Dutzende und Aberdutzende von Diäten, Hungerkuren und Schlankheitsratgebern in die Buchregale. Jede Kur versprach den raschen Verlust von Pfunden – doch das Versprechen wurde langfristig von keiner Kur gehalten.

Apfelessig ist ein altbewährtes Heil- und Arzneimittel. Durch seine fettfreisetzende Wirkung eignet er sich besonders gut für Schlankheitskuren.

Apfelessig bietet Ihnen neue Chancen

Viele Menschen bemühen sich oft verzweifelt, zu ihrer hübschen und schlanken Figur aus der Jugendzeit zurückzufinden. Sie kämpfen verbissen um Pfunde, führen einen geheimen Krieg gegen die Waage – und haben doch keinen Erfolg, weil sie den für sie falschen Weg eingeschlagen haben.

Mit Apfelessig abzunehmen ist dagegen einfach, sehr effektiv und auf natürliche Weise wirksam:

- Apfelessig macht sich den Körper zum Verbündeten und bringt den Organismus wieder ins Gleichgewicht.
- Apfelessig aktiviert alle natürlichen Mechanismen, die Fett freisetzen und abbauen können.
- Seine fettfeindliche Wirkung macht Apfelessig zum bewährten Heil- und Arzneimittel seit langer Zeit.

Lust auf gesunde Kost

Sie finden in diesem Buch zahlreiche Rezeptvorschläge mit Apfelessig, denn gesunde Ernährung hat nichts mit Verzicht oder Entbehrung zu tun, sondern ist durch und durch ein Gaumengenuss. Allerdings sollte die Auswahl der Nahrungsmittel nach ernährungsphysiologischen Gesichtspunkten erfolgen. Ein wichtiges Kapitel dieses Ratgebers heißt deshalb: »Gesunde Kost mit Apfelessig«.

Rezeptvorschläge für den Alltag

Um Apfelessig beim Abnehmen im Alltag einsetzen zu können, sollten die Kuren in den Zeitraum zwischen Arbeit und Freizeit, zwischen Schule und Familie, zwischen Dienstreise und Zuhause, also in Ihre individuelle Lebensorganisation, passen. Deswegen werden Ihnen hier drei verschieden lange Kurvorschläge vorgestellt:

- Die Drei-Tage-Apfelessigkur
- Die Sieben-Tage-Apfelessigkur
- Die Vier-Wochen-Apfelessigkur

Je nachdem, wie viel Zeit Sie in Ihr persönliches Apfelessigprojekt investieren können und wollen: Hier finden Sie detaillierte Rezeptvorschläge für den Tagesablauf vom Frühstück über das Mittagessen bis zum Abendessen. Auch die beliebten Zwischenmahlzeiten für den kleinen Hunger werden berücksichtigt.

Diättage werden von vielen Menschen als Stress empfunden. Ob Sie sich nun für eine Drei-Tage-Apfelessigkur oder für die Sieben-Tage- oder Vier-Wochen-Apfelessigkur entscheiden, für das Durchhaltevermögen ist eine optimale Abstimmung des Diätplans auf Ihren Tagesablauf vonnöten.

Was dieses Buch für Sie leistet

Dieser Ratgeber bietet Ihnen einen kompakten und umfassenden Überblick über Apfelessig und seine Anwendung. Insbesondere erfahren Sie alles Wissenswerte über:

- Die Wirkungsweise von Apfelessig und seinen Inhaltsstoffen
- Die Möglichkeiten, mit Apfelessig gezielt abnehmen zu können
- Das schlank machende Wachstumshormon und seine Wirkung
- Detaillierte Schlankheitskuren für einen Testtag, drei Tage, eine Woche und einen Monat

Apfelbäume sind die meistverbreiteten Obstbäume. Ihre sehr gesunden Früchte sind das ganze Jahr hindurch in verschiedenen Sorten erhältlich.

Was ist Apfelessig?

Nährstoffe im Apfel

Wenn Äpfel am Baum reifen, wenn sie dick, rund, rot und gelb werden, dann sammeln sich in ihnen viele Nährstoffe:

▶ Pektin und zahlreiche andere Ballaststoffe, die dem Apfel seine Festigkeit verleihen

▶ Vitamin C und Bioflavonoide, die das Fruchtfleisch beherrschen und die Apfelkerne schützen

▶ In der Schale des Apfels befinden sich Fettsäuren, die das Fruchtfleisch schützen

▶ Im Fruchtfleisch des Apfels befinden sich zahlreiche Vorratsdepots, vor allem für:

– Eiweiß
– Kohlenhydrate
– Mineralstoffe
– Wasser

Die wichtige Erbinformation ...

Diese Vielzahl von Nährstoffen dient ausschließlich einem Zweck – die Apfelkerne zu ernähren und zu schützen, wenn der Apfel als Fallobst auf dem Boden oder auf der Wiese liegt.

Reife Äpfel sind nicht nur süß und fruchtig. Sie enthalten auch eine Vielzahl an Nährstoffen: Vitamin C, Mineral- und Ballaststoffe, Proteine und Kohlenhydrate. Äpfel sind also wahre »Biobomben«.

... durch Abwehrstoffe schützen

Für die Natur sind immer nur die Kerne, Samen oder Keime wichtig, denn diese sichern das Überleben der Gattung. Nicht anders verhält es sich mit Eiern, Fischrogen oder anderen Erbträgern – stets werden die arterhaltenden Vererbungsgene durch Abwehrstoffe gegen Krankheitserreger und andere Feinde geschützt und gleichzeitig mit einem großen Vorrat an allen wichtigen Nährstoffen versehen.

Essigsäure – ein Geschenk der Natur

▶ Wie Zitronensäure in Südfrüchten oder Askorbinsäure (Vitamin C) in Obst und Gemüse ist Essigsäure auch eine milde organische Säure und somit für die Magenschleimhaut gut verträglich.
▶ In faulenden Früchten zerstört Essigsäure Bakterien, Viren, Pilze, Parasiten und andere Mikroorganismen – allesamt Krankheitserreger. Hiermit schützt Essigsäure die Vererbungsgene.
▶ Essigsäure schreckt Insekten von dem überreifen Obst ab, indem sie das Fruchtfleisch sauer und ungenießbar macht.
▶ Essigsäure ist der Feind aller Bakterien. Deshalb räumt sie auch im menschlichen Magen und Darm gewaltig mit diesen gefährlichen Krankmachern auf.
▶ Essigsäure wirkt desinfizierend und entgiftend, selbst noch in den Nieren, der Blase und dem Harnleiter.

Tiere, die fauliges Fallobst fressen, machen sich instinktiv die desinfizierende Wirkung der enthaltenen Essigsäure zunutze. Diese milde und magenfreundliche Säure entgiftet den Körper und befreit ihn von Krankheitserregern.

Essigsäure zur Gesunderhaltung

Wenn Tiere sich infizieren oder vergiften, suchen sie instinktiv nach faulendem Obst. Sie warten so lange, bis aus dem Alkohol durch Gärung Essigsäure entstanden ist. Erst dann fressen sie die saure und faulige Frucht, um sich von Bakterien oder anderen Krankheitserregern zu reinigen. Dieses Verhalten tritt auch auf, wenn der Fettstoffwechsel im Organismus der Tiere aus der Balance zu geraten droht.

Entgiftung durch Essigsäure

Essigsäure reinigt den Organismus durch ihre antibakterielle Wirkung. Diese Kraft wirkt sich besonders direkt im Magen-Darm-Trakt aus – also bei der Verdauung.
Darüber hinaus wirkt Essigsäure aber auch stark entschlackend auf innere Organe wie Nieren, Blase und Harnleiter, indem sie diese bei ihrer Entgiftungsarbeit wesentlich unterstützt.
Mit Essigsäure wird außerdem der Fettstoffwechsel im Körper wieder ins Gleichgewicht gebracht.

Natürlich schlank mit Apfelessig

Wie Essig den Fettaufbau hemmt

Die im Apfelessig enthaltene Säure verbindet fünf lipolytische (fettfreisetzende) Mechanismen miteinander. Dadurch wird Fett rasch im Körper abgebaut.
Schon in der Mundschleimhaut blockiert Essigsäure die hormonellen Signalgeber, die bei Übergewichtigen während des Kauens von Süßem oder von Kohlenhydraten (z. B. Brot, Nudeln) innerhalb weniger Minuten die »Einbahnstraße Fett« etablieren. Diese Einbahnstraße führt aus dem Darm über Blut und Leber in die Speckpolster. Dabei werden dick machende Enzyme in den feinsten Blutgefäßen aktiv, die sich um die Fettzellen schließen. An diesem kritischen Punkt für alle Übergewichtigen vollzieht sich das Einschleusen von Triglyzeriden (Fettmolekülen) in Fettdepots von Unterhautgewebe oder Hüft- und Bauchspeck.

Ihre Lust auf Süßes und Fettig-Salziges macht vielen Menschen das Abnehmen schwer. Apfelessig unterstützt den Körper nicht nur bei fettabbauenden Prozessen in Magen und Darm, sondern er dämpft auch die verhängnisvolle Gier nach diesen Dickmachern.

Essig für Magen und Darm

▶ Essigsäure wirkt im Magen als Säurelocker: Sie senkt den pH-Wert und säuert somit den Magensaft an. Diese Säuerung ist wichtig für die Eiweißvorverdauung, denn ausschließlich bestimmte Eiweißkörper, die Stresshormone, verfügen über den »goldenen Schlüssel« zum Aufsperren der Adipozyten (Fettzellen).

▶ Essigsäure regt die Darmtätigkeit an: Der Nahrungstransport wird beschleunigt, ein Teil des Fetts wird somit nur zum Teil verdaut und mit dem Stuhl ausgeschieden – es gelangt also gar nicht erst ins Blut und zu den Fettzellen.

Lust auf neue Geschmacksrichtungen

Essig weckt den Sinn für neue, bislang unbekannte Geschmacksnuancen, indem er die Sucht nach den schlimmsten Dickmachern Süßigkeiten und salzig-fettige Nahrungsmittel eindämmt.

Gesteigerte Zellatmung

Essigsäure kurbelt die Zellatmung an und steigert damit die Energiegewinnung und Leistungskraft aller Zellen. Dieser Vorgang geschieht auf zweierlei Weise:

▶ Essigsäure verbessert die Eisenverwertung wesentlich. Somit sorgt Essigsäure für mehr rote Blutkörperchen, die den lebenswichtigen Sauerstoff zu den Körperzellen tragen.

▶ Essigsäure steigert die Produktion von Eiweißmolekülen in allen Zellen. In der Folge steigt die Stoffwechselrate steil an, man fühlt sich körperlich und geistig wesentlich vitaler.

Beide Wirkungen der Essigsäure benötigen Körperfett, das zur Energiegewinnung verheizt werden muss. Dieses Fett wird den Fettzellen entzogen – man nimmt deshalb also ab.

Essigsäure steigert die Zellatmung, regt den Stoffwechsel an und fördert damit das gesamte Wohlbefinden. In beiden Fällen wird reichlich von der körpereigenen Energieressource Fett verbrannt.

Selbsttest: Sollten Sie mit Apfelessig abspecken?

▶ Haben Sie mehr als acht Kilogramm Übergewicht?

▶ Sind Sie am Vormittag und Nachmittag oft müde?

▶ Sitzt Ihr überflüssiges Fett vorwiegend im Bauch- und Hüftbereich und weniger im Unterhautgewebe (z. B. von Brust, Armen usw.)?

▶ Ist Ihr Bauch morgens straffer und flacher als abends?

▶ Essen Sie mindestens zweimal am Tag Süßes?

▶ Leiden Sie häufig unter Durchfall, Blähungen und übel riechendem Stuhl?

▶ Haben Sie nachts oft Hunger?

▶ Würzen Sie gern mit viel Salz?

▶ Frieren Sie oft, auch wenn Sie normal bekleidet sind?

▶ Gab es eine Zeit, in der Sie richtig schön schlank waren?

▶ Geschieht es mitunter, dass Sie praktisch »über Nacht«, also von einem Tag auf den anderen, ein Kilogramm oder mehr zunehmen?

Ein bis zwei Ja: Essigsäure kann Ihnen nur langfristig helfen.
Drei bis acht Ja: Sie sind der Idealtyp für eine Apfelessigkur.
Neun bis zehn Ja: Ihr Fettstoffwechsel ist gestört. Für Sie ist auf jeden Fall eine längere Apfelessigkur empfehlenswert.

Zu jeder Mahlzeit ein Esslöffel Apfelessig mit etwas Honig auf ein Glas Mineralwasser sorgen dafür, dass überflüssige Pfunde verschwinden.

Die Apfelessigtestkur

Verschwinden überflüssige Pfunde mit Apfelessig oder nicht? Um das herauszufinden, gibt es folgende kleine Testkur.
Wenn Sie diese Apfelessigtestkur erfolgreich abschließen, dann dürfte Ihrer Bikini- oder Badehosenfigur für den nächsten Sommer nicht mehr viel im Weg stehen.

Ihren persönlichen Erfolg mit einer Apfelessigkur können Sie sogar schon innerhalb eines einzigen Tages testen. Für das Ziel »Traumfigur« bedarf es aber größerer Ausdauer und Konsequenz.

Ein Tag zur Probe

▶ Die Apfelessigtestkur dauert nur einen Tag. Man steigt dazu morgens auf die Waage.
▶ Es gibt an diesem Tag insgesamt 2400 Kilokalorien zu essen – und damit mehr als doppelt so viel wie bei 90 Prozent aller anderen Schlankheitsdiäten. Hungern braucht hierbei wahrlich niemand.
▶ Die Apfelessigtestkur schmeckt richtig gut und macht Appetit auf die Drei-Tage-Kur, die Sieben-Tage-Kur und die Vier-Wochen-Kur. Alle diese Kuren werden in diesem Ratgeber ausführlich vorgestellt.
▶ Die Apfelessigtestkur wird durch zwei sehr wichtige Maßnahmen unterstützt:
– Durch ein kleines Bewegungsprogramm
– Durch ein einfaches Meditationsprogramm

Mogeln hilft nur Ihren Pfunden

Voraussetzung für gutes Gelingen: Mogeln ist verboten. Sie müssen sich genau an den präzise vorgeschriebenen Tagesplan halten. Wenn Sie dazu nicht die nötige Disziplin aufbringen, betrügen Sie sich selbst. Irgendwelche Abweichungen sind strikt untersagt und helfen ausschließlich Ihren überflüssigen Pfunden.
Wenn Sie jedoch konsequent mitmachen, dann sind Sie Ihrer persönlichen Traumfigur schon ein ganzes Stück näher gekommen.

Ihr Tagesablauf

Morgens

Am wichtigsten ist es, morgens fröhlich und zuversichtlich aus den Federn zu kriechen. Hadern Sie nicht mit sich und dem Tag. Versuchen Sie, sich bewusst in eine gute Stimmung zu bringen. Belohnen Sie sich für das Aufstehen mit etwas besonders Gutem, z.B. Ihrem Lieblingsfrühstück, einem besonders wohlschmeckenden Obst oder einer kleinen Überraschung. Dann steigen Sie auf die Waage, und lesen Sie Ihr Gewicht exakt ab.

Ihr Testtag beginnt mit dem Gang zur Waage und einem Glas Wasser mit Apfelessig. So richtig in Schwung kommen Sie danach mit einem ausgewogenen Frühstück und leichten Gymnastikübungen. Nun sind Sie stark für einen neuen Tag.

Frühstück

▶ Der Morgen beginnt mit einem Getränk: 1 Glas mit Mineralwasser füllen, 1 Esslöffel Apfelessig dazugeben. 1 Esslöffel Honig hineinrühren, gut miteinander vermischen und trinken.

▶ Dann folgt das eigentliche Frühstück, bestehend aus: 1 Scheibe Vollkornbrot, 1 Teelöffel Butter, 1 Scheibe kaltem Braten (für Vegetarier: 1 Tofuwürstchen aus dem Bioladen), 1 Kiwi, 30 Gramm Schafskäse, 1 Tomate, 6 Oliven, 1 kleinen Gewürzgurke, Kaffee oder Tee (Sahne und Zucker sind nicht erlaubt), 1 Ei (Veganer dürfen darauf verzichten). Das Vollkornbrot mit Butter bestreichen, kalten Braten oder Tofuwürstchen in Scheiben darauflegen und zusammen mit den anderen Frühstückszutaten essen.

Übung »Das große L«

Diese Übung verbessert Ihre Stimmung für den ganzen Tag:

▶ Legen Sie sich auf den Rücken

▶ Schieben Sie die Hände unter den Hinterkopf, und heben Sie den Kopf leicht an

▶ Beine aneinanderlegen und vom Körper abheben (L-Stellung)

▶ Beine langsam absenken und wieder anheben

▶ Diese Übung drei Minuten lang wiederholen

Vormittags

▶ Für den kleinen Hunger zwischendurch gibt es 1/2 Tasse Müsli aus selbst gemahlenem Getreide, z. B. Weizen, Roggen, Dinkel, Hafer, Gerste oder Buchweizen. Wer keine Getreidemühle zum Selbstschroten hat, kann sich das Vollkorn auch im Bioladen kaufen.
▶ Wichtig: Am Vorabend sollten Sie das Getreide in etwas Wasser einweichen. Ins Müsli kommt klein geschnittenes Obst je nach Saison, z. B. Erdbeeren, Apfel, Banane oder Birne, Orangenstückchen usw. Gönnen Sie sich ruhig etwas Sahne zu Ihrem Müsli.

Zwischenmahlzeiten sind erlaubt! Ein frisch zubereitetes Vollkornmüsli mit Früchten ist der ideale Energiespender während eines langen Vormittags.

Mittags

▶ Trinken Sie vor der Mahlzeit wieder 1 Glas Wasser mit Apfelessig und Honig (siehe Frühstück)
Für ein leichtes Mittagsmenü eignen sich:
▶ 60 Gramm Fisch (für Vegetarier: 100 Gramm Räuchertofu aus dem Bioladen)
▶ Sehr wenig Fett (Butter, Pflanzenöl zum Anbraten)
▶ Grüngemüse, z. B. Mangold, Spinat, Brokkoli, Wirsing oder Lauch; es wird nur leicht in wenig Wasser gedünstet
▶ 3 mittelgroße Biokartoffeln mit Schale (aus dem Bioladen)

Naturmeditation

Versuchen Sie, nach dem Mittagessen eine kleine Pause zur Entspannung einzulegen. Hierzu einige Vorschläge.
Sie können aber auch ganz nach Ihrem Belieben eine andere Form der Meditation wählen.

▶ Gehen Sie allein im Wald oder in einem Park spazieren

▶ Lauschen Sie dem Murmeln eines Wasserlaufs

▶ Beobachten Sie den Zug der Wolken am Himmel

▶ Sehen Sie zu, wie sich die Baumwipfel im Wind wiegen

▶ Hören Sie den Vögeln beim Zwitschern bewusst zu

Heilsame Assimilation

Bei der Meditation kommt es zur so genannten Assimilation: Herzfrequenz und Puls werden gedrosselt, Zelltätigkeit, Adrenalinausstoß und Schilddrüse gehemmt, die Magen- und Darmtätigkeit jedoch angeregt. Die Folge: Aus dem Darm strömen in dieser Zeit erhebliche Mengen wichtiger Vital- und Nährstoffe über den Blutkreislauf zu allen 70 Billionen Körperzellen. Man kehrt erholt, entspannt und mit neuen Energiestoffen aufgetankt zurück.

Nachmittags

Mixen Sie sich eine gesunde Zwischenmahlzeit:
- 1 Glas Biojoghurt
- 1 Esslöffel Sonnenblumenkerne

Nach einem anstrengenden Vormittag sind Meditationsübungen – am besten an der frischen Luft – genau das Richtige. Das Mittagessen wird besser verdaut, und der Körper tankt neue Kraft für den Rest des Tages.

Am frühen Abend – die Drei-Minuten-Übung »Scharnier«

- Legen Sie sich auf den Rücken.
- Füße irgendwo unterklemmen, z. B. unter einem Heizkörper oder einem Schrank.
- Strecken Sie die Arme weit nach hinten aus.
- Oberkörper in den Hüften abknicken und nach vorne abheben.
- Oberkörper langsam wieder nach hinten absenken.
- Diese Übung 3 Minuten lang wiederholen.

Abends

- Apfelessig mit Mineralwasser und Honig vermengen und trinken.

Zum Abendessen gibt es leichte Kost, bestehend aus:
- 4 Scheiben Knäckebrot oder 6 Scheiben Baguette
- 1 Rohkostteller mit dem jeweils erhältlichen Saisongemüse
- 50 Gramm Krabben oder 50 Gramm Hähnchenfleisch (für Vegetarier: 100 Gramm Tofu)

Kurz vor dem Zubettgehen

▶ Für einen Gutenachtsnack benötigen Sie 1/2 Avocado, 1 Teelöffel Zitronensaft und Pfeffer. Avocado mit der Gabel zerquetschen, Zitronensaft darüber träufeln, mit Pfeffer überstreuen – fertig!

Getränke

Zu trinken gibt es den ganzen Tag über Gemüsesaft, Mineralwasser, Kräutertee, Kaffee oder schwarzen Tee. Bitte vermeiden Sie strikt jeden Zucker, Süßstoff ist jedoch erlaubt. Streng verboten sind alle süßen Drinks wie Limonade oder Colagetränke. Ebenfalls meiden sollten Sie süße Fruchtsäfte, denn diese enthalten viel Fruktose (Fruchtzucker), die bei entsprechend disponierten Personen die Neigung zum Dickwerden unterstützen kann.

Vielleicht kennen Sie das Phänomen: Nur wenige Tage nach einer mühsam durchgehaltenen Diät stellt sich das alte Gewicht wieder ein. Die Ursache ist einfach zu finden. Bei herkömmlichen Kuren beruht die Gewichtsabnahme fast ausschließlich auf dem Verlust von Wasser. Auf Dauer verschwinden Speckpolster jedoch nur durch Fettverbrennung.

Fettabbau statt Wasserverlust

Jetzt haben Sie Ihre Hausaufgaben erfüllt und dürfen sich ins Bett legen. Morgen früh geht es dann wieder auf die Waage. Wenn Sie am nächsten Tag mehr als 250 Gramm Gewicht verloren haben, dann haben Sie das Klassenziel erreicht.

Entscheidend bei dieser Apfelessigkombinationskur (mit Bewegung und Meditation) ist, dass Sie nicht nur Wasser verlieren, wie dies bei vielen anderen Diäten der Fall ist. Bei der hier vorgestellten Methode wird vom Stoffwechsel Fett angefordert. Und dieses wird aus den Speckpolstern im Bauch-Hüft-Bereich freigesetzt und zur Verbrennung über das Blut zu den Körperzellen geschickt.

Bei allen traditionellen Schlankheitskuren hingegen bleiben die Adipozyten (Fettzellen) zugesperrt wie Banktresore. Knauserig rücken sie so wenig Triglyzeride (Fettmoleküle) wie möglich heraus. Die Folge: Der Körper holt sich die benötigten Energiebrennstoffe aus dem Bindegewebe (das macht Falten, Runzeln) und den Muskeln (das macht schlapp und kraftlos). Was an Gewicht verloren geht, ist fast ausschließlich Wasser.

Wissenswertes über Schlankheitssäuren

Die besten Schlankheitssäuren sind:
- Essigsäure
- Zitronensäure
- Askorbinsäure (Vitamin C)

Organische Säuren sind im gesamten Körper enthalten, vorzugsweise aber in:
- Magen
- Darm
- Blut

In jeder einzelnen Zelle erfüllen diese Schlankheitssäuren zentrale und spezifische Aufgaben.

Die wichtigsten Aufgaben der organischen Säuren sind:
- Stimulierung des Immunsystems
- Stärkung der Enzymbildung
- Abtötung von Bakterien
- Anregung der Zellerneuerung
- Steigerung der Zellenergie

Mit einer richtigen und gesundheitsbewussten Ernährung können Sie diese organischen Säuren – die Schlankheitssäuren – für sich nutzen. Orientieren Sie sich dazu an den Ernährungsgewohnheiten der Mittelmeerländer. Hier kann man nicht nur wunderbar Urlaub machen, sondern auch sehr gesund essen. Nehmen Sie etwas von dem dort üblichen Essverhalten in Ihren Alltag mit.

▶ Fisch mit Zitrone
In südlichen Ländern des Mittelmeerraums beträufeln die Menschen seit jeher ihren Fisch mit Zitronensaft. Das Vitamin C der Zitrone erhöht die Verdaubarkeit des Fischs wesentlich.

▶ Salat mit Essig
Eine andere mediterrane Mischung ist Bauernsalat mit Schafskäse, der mit Essig gewürzt wird. Diese Verwendung von Essig geschieht nicht nur des guten Geschmacks, sondern auch der Gesundheit wegen. Von Generation zu Generation wurden die Regeln dieses gesunden – und gleichzeitig auch schlank machenden – Rezepts weiter gegeben.

▶ Die gesundheitliche Wirkung von Essig
Im Gegensatz zu traditionellen Diäten, bei denen hauptsächlich Wasser verloren geht, fordert Essig über den Stoffwechsel auch überschüssiges Fett an. Dieses für die Verbrennung benötigte Fett wird den Speckpolstern des Körpers entnommen – und Sie nehmen genau an den richtigen Stellen ab.
Essig bietet noch einen weiteren Vorteil: Das abgebaute Fett aus den Adipozyten (Fettzellen) wird nicht sofort wieder ersetzt.

Sauer macht nicht nur lustig, sondern auch schlank: Bei Ihrer Ernährung sollten Sie neben der Essigsäure auch andere organische Säuren verwenden, z. B. Zitronen- und Askorbinsäure (Vitamin C).

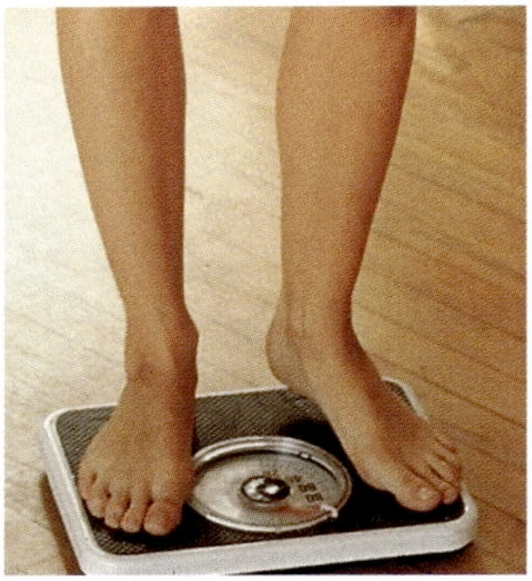

Die regelmäßige Kontrolle durch den Blick auf die Waage hilft, extreme Gewichtsschwankungen zu vermeiden.

Zunehmen – Abnehmen

Gute Zeiten, schlechte Zeiten

Abnehmen und Zunehmen sind Regulierungsmechanismen des Körpers, um mit wechselndem Nahrungsangebot umzugehen. Dickwerden ist ein uraltes Notprogramm für schlechte Zeiten. Wenn dem Organismus viel Nahrung zugeführt wird, speichern die Fettzellen Energie in Form von gelbem Fett. Dabei quellen sie immer mehr auf. Die Aufgabe der Fettzellen ist es, Fettvorräte anzulegen und diese dann in Hungerzeiten dem Stoffwechsel zur Verfügung zu stellen.

Fettzellen helfen gegen Stress

Das Speichern von Fett ist aber nur ein Teil der Aufgaben der hochspezialisierten Zellen. Sie leisten weitaus mehr: Im täglichen Auf und Ab von Stress und Entspannung liefern sie den Energiebrennstoff – bei allen Tieren und auch beim Menschen. Bei Anstrengung stellen sie das »Zellbenzin« zur Verfügung. Dadurch wird der Organismus angeregt, wird wach, konzentriert und stressfähig. Dies bedeutet freilich, dass der Körper auch auf höheren Touren arbeitet und deshalb mehr Treibstoff benötigt. In dieser Zeitspanne entleeren sich die Fettzellen. Während der anschließenden Ruhephase nehmen sie dann wieder vermehrt Depotbrennstoff auf.

Das Speichern von Energie in den Fettzellen ist ein lebenswichtiger Prozess. Bei Stress und körperlicher Belastung werden Fettreserven freigesetzt und stehen zur Verbrennung zur Verfügung. Nur so kann der Körper Hungerzeiten überstehen und ist zu sportlichen Leistungen fähig.

Kurze und lange Belastungen

Auf diese ausgeklügelte Weise sorgt die Natur dafür, dass den Zellen nie der nötige Treibstoff ausgeht, dass sie für die Herausforderungen des Alltags gerüstet sind. Während bei den kurzfristigen Beanspruchungen vorwiegend Glukose, also Kohlenhydrate, verheizt wird, wird bei Dauerbelastungen vorwiegend Fett aus Speckpolstern befreit und als Körperenergie verbraucht.

Wie Fettzellen funktionieren

▶ Ein schlanker Mensch besitzt rund 20 Milliarden Fettzellen, dicke Menschen hingegen bringen es locker auf 150 Milliarden Fettzellen.
▶ Fettzellen siedeln sich gern im Unterhautgewebe an. Hier schützt Fett vor Kälte. Aber bei Fehlernährung wird das Unterhautgewebe schließlich dick und schwabbelig. Kein schöner Anblick!
▶ Überschüssiges Fett sammelt sich zuerst in den berühmt-berüchtigten Depots an: Bauch, Hüften, Po und Oberschenkel.
▶ Fettzellen wiegen normalerweise (beim schlanken Menschen) rund ein halbes Mikrogramm (ein halbes Millionstel Gramm). Sie können aber bis zum Vielfachen ihres Ursprungsgewichts aufquellen.
▶ Wenn Kinder und Jugendliche viel Süßes und helle Mehlprodukte zu sich nehmen, fett und salzig essen (z. B. Hamburger, Pizza) und dazu viel Colagetränke oder Limonade trinken, dann bilden sich schon früh wesentlich mehr Fettzellen als normalerweise nötig.

Übergewicht ist häufig die Folge falscher Ernährungsgewohnheiten in der Kindheit: Pommes frites, Hamburger und Süßigkeiten bewirken eine übermäßige Bildung von Fettzellen. Gegen Speckpolster um Hüfte und Bauch hilft langfristig nur die Umstellung auf gesunde Ernährung.

Die Veranlagung zum Dickwerden

▶ Schlanke Jugendliche tragen unterschiedlich viele Fettzellen in sich. Noch sind diese Fettzellen leer und fallen nicht auf. Durch falsche Ernährung wird hier jedoch die Disposition für Übergewicht bereits angelegt. Diese Veranlagung wird erst Jahre später deutlich sichtbar: Im Erwachsenenalter reagiert dann der Körper gemäß der in der Kindheit gelernten Muster.
▶ Besonders gefährlich sind dabei die so genannten Präadipozyten. Diese leeren Fettzellen wiegen lediglich 0,01 Mikrogramm. Schlanke Menschen kommen auf bis zu 60 Milliarden Präadipozyten. Bei gesunder Kost bleiben diese Zellen leer. Bei ungesunder Kost aber quellen sie bis zum 200fachen ihrer ursprünglichen Größe auf – und bilden Speckwülste. Bis zu 100 Kilogramm Bauchspeck sind möglich!
▶ Wer sein Übergewicht langfristig reduzieren will, sollte nicht allein auf die Hilfe von Apfelessig setzen. Entscheidend ist eine konsequente Umstellung der Basisernährung auf gesunde und möglichst naturbelassene Nahrungsmittel.

Diese Lebensmittel machen dick

- Getränke wie Limonade, Coladrinks, zu stark gesüßter Kaffee oder Tee und bei entsprechender Veranlagung sogar süßes Obst bzw. Fruchtsäfte
- Helle Teigwarenprodukte wie Nudeln, Weiß- oder Mischbrot
- Polierter (weißer) Reis
- Wurst
- Fettes Fleisch
- Salzig-knusprige Haut von gebratenem oder gegrilltem Geflügel
- Saucen, Dressings, Dips, Mayonnaisen
- Fette Kuchen, Torten oder Gebäck
- Süßigkeiten wie Pralinen, Schokolade oder Bonbons
- Speiseeis, Cremespeisen, Tiramisù, Puddings, süße Desserts oder Nachspeisen
- Alle süßen alkoholischen Getränke wie Likör, Süßwein, aber auch Bier, Wein und Schnäpse, wenn sie im Übermaß getrunken werden
- Sahne oder fetter Käse (nur wenn eine entsprechende Veranlagung besteht und bei hohem Konsum)

Fette Saucen und Torten liegen nicht nur schwer im Magen, sie sind auch absolute Dickmacher. Leicht verdaulich und gut für die schlanke Linie sind stattdessen Gerichte mit Gemüse, Vollkornprodukten, Fisch und magerem Fleisch.

Diese Lebensmittel machen schlank

- Obst
- Gemüse
- Salat
- Rohkost
- Vollkornprodukte
- Naturreis
- Kartoffeln
- Krabben
- Fisch
- Mageres Fleisch
- Soja- bzw. Tofuprodukte
- Quark und Joghurt (Magerstufe)
- Magerkäse

Ein muskulöser und schlanker Körperbau ist wichtig für den Geparden, um sich schnell an seine Beute heranzupirschen. Übergewicht würde ihm das Überleben in freier Wildbahn unmöglich machen.

Die Natur will schlanke Lebewesen

Seit drei bis vier Milliarden Jahren entwickelt sich die Vielfalt von Pflanzen auf der Erde. Viel später kamen die Tiere dazu. Vor etwa 200 000 Jahren traten schließlich die ersten Menschen auf.

Sowohl bei den Tieren als auch beim Menschen hat die Natur ein genetisches Schlankheitsprogramm eingebaut. Das bedeutet, dass nur Geschöpfe mit einem normalen Körpergewicht optimal lebensfähig sind und sich im Existenzkampf der Evolution durchsetzen können. Dagegen kann sich beispielsweise ein Tier mit nur einem Prozent Übergewicht in freier Wildbahn bereits schlecht oder schon gar nicht mehr behaupten. Ausnahmen sind trächtige Muttertiere oder Tiere, die rechtzeitig vor den Wintermonaten Depotspeck anlegen (z. B. Bären).

Wie gesagt, auch der Mensch funktioniert nach diesem Schlankheitsprinzip. Mit anderen Worten: In jedem dicken Menschen steckt – genetisch gesehen – der schlanke Mensch immer noch drin. Er muss nur wieder geweckt werden. Kein anderes Lebensmittel hilft dabei mehr als Apfelessig bzw. auch andere Essigarten.

Dicksein ist nicht nur eine psychische Belastung – Übergewicht ist auch ein gesundheitliches Problem. Eine Kur mit Apfelessig kann dabei helfen, dass Sie sich wieder vital und fit fühlen.

Geheimtip Wachstumshormon

Seit vielen Millionen Jahren hilft die Natur allen Lebewesen, schlank und damit überlebensfähig zu bleiben. Dies liegt an einem speziellen Wachstumshormon, das sowohl Tiere als auch Menschen vor Übergewicht bewahrt. Gleichzeitig versorgt dieses Hormon den Organismus mit viel Vitalität und Energie.

Steuerung aus dem Gehirn

Wer würde nicht gerne über Nacht ein paar Pfunde leichter werden? In diesem Wunschtraum steckt ein Körnchen Wahrheit, denn nachts wird von der Hirnanhangsdrüse das Wachstumshormon ausgeschüttet: Dieses Hormon wirkt als natürlicher und körpereigener Schlankmacher.

Dieses Wachstumshormon wird von der Hirnanhangsdrüse gebildet, und zwar aus reinstem Eiweiß. Das recht große Molekül besteht aus 189 Aminosäuren (Eiweißbausteinen) – dagegen umfassen andere Eiweißverbindungen manchmal nur zehn oder sogar noch weniger Aminosäuren.
Die menschliche Hirnanhangsdrüse ist etwa so groß wie ein Kirschkern. Sie besteht fast ausschließlich aus Wasser, dem Wachstumshormon und einigen anderen Hormonen.

Schlank mit dem Wachstumshormon

▶ 70 Minuten nach dem Einschlafen beginnt die Hirnanhangsdrüse mit der Produktion des Wachstumshormons.
▶ Die Konzentration des Wachstumshormons steigt bis zum 40fachen über den Normalwert an.
▶ Das Wachstumshormon ist ein Stresshormon. Das bedeutet, dass es im Gegensatz zu anderen Hormonen die Fähigkeit besitzt, die Fettzellen »aufsperren«, d. h. freisetzen zu können.
▶ Durch das Wachstumshormon werden Fettmoleküle (Triglyzeride) gelöst, die über die Blutbahn zu den Körperzellen gelangen, besonders zu den Muskelzellen.
▶ In der Nacht wird in den Zellen Energie verbrannt. Bei etwa 70 Billionen Körperzellen kommt da eine ganz ordentliche Menge zusammen. Am Morgen wacht man dann schlanker – oder etwas leichter – und energiegeladen auf.

Hilfreiches Vitamin C

Wenn ein Mensch morgens auf der Waage feststellt, dass er über Nacht (wenn auch geringfügig) an Gewicht verloren hat, dann ist dies also dem Wachstumshormon zu verdanken, dem bedeutendsten Schlankmacher der Natur. Deshalb ist es besonders wichtig, die Hirnanhangsdrüse bei der Produktion dieses lipolytischen (fettfreisetzenden) Hormons zu unterstützen. Seit Mitte der neunziger Jahre ist bekannt, dass übergewichtige oder dicke Menschen kaum oder zu wenig Wachstumshormon produzieren. Die Ursache: Ihnen steht zu wenig Eiweiß zur Verfügung. Außerdem benötigt die Hirnanhangsdrüse für die Biosynthese des Wachstumshormons dringend Vitamin C. Interessanterweise enthält diese kleine Drüse die höchste Vitamin-C-Konzentration aller Körperteile.

Die fettfreisetzende Wirkung des Wachstumshormons unterstützen Sie am besten mit eiweißreicher Kost zum Abendessen und einem Vitamin-C-reichen Schlummertrunk, am besten ungesüßt, denn weißer Zucker zerstört das Vitamin C.

Abnehmen im Schlaf

Das ideale Abendessen

Im Schlafen abnehmen – alles andere als ein Traum. Es funktioniert ganz einfach, wenn Sie folgende Schritte beachten:

- Nehmen Sie abends eine eiweißreiche Mahlzeit zu sich, z. B. einen großen Rohkostteller mit Ei, Thunfisch, Hähnchenstreifen, magerem Schinken, Krabben, kaltem magerem Braten oder (für Vegetarier) 2 in Scheiben geschnittenen Tofuwürstchen. Dazu können Sie 4 Scheiben Knäckebrot oder Baguette essen.
- Den Rohkostteller mit Apfelessig und Olivenöl anmachen.
- Als Getränk gibt es 1/4 Liter Mineralwasser, in den jeweils 1 Esslöffel Apfelessig und Honig eingerührt werden.
- In der Zeit bis zum Schlafengehen gibt es dann nichts mehr zu essen, sondern nur noch zu trinken – und zwar Saft aus selbst gepressten Zitronen, mit Mineralwasser gemischt. Verwenden Sie hierfür mindestens 2 Zitronen. Dieser Gutenachtdrink wird nicht gesüßt; er soll so sauer wie möglich getrunken werden.

Energieschub für die Hormonproduktion

Alles andere dürfen Sie jetzt Ihrer Hirnanhangsdrüse überlassen. Mit Hilfe des Apfelessiggetränks und des Essigs in der Rohkost wird das Eiweiß optimal in Aminosäuren zerlegt. Schon eine halbe Stunde nach der Abendmahlzeit kommt es zu einem steten Strom kostbarer Eiweißbausteine aus dem Darm ins Blut.

Die Hirnanhangsdrüse wird von einem dichten, feinen Labyrinth zartester Blutgefäße durchflutet. Aus all diesen Arteriolen und Kapillaren entnehmen die Drüsenzellen das Eiweiß.

Gleichzeitig spüren die Drüsenzellen, dass das Blut enorm mit Vitamin C angereichert ist, ihrem Lieblingsnährstoff. Jetzt leben sie erst richtig auf, denn nun stehen ihnen die wichtigsten Basisrohstoffe für die Produktion ihrer Hormone zur Verfügung.

Optimal für eine reichliche Produktion des Wachstumshormons sind Apfelessigdrinks und mit Essig angemachte Rohkost. In Magen und Darm zerlegt die Essigsäure die im Fleisch und Fisch enthaltenen Proteine zu Aminosäuren: Dies sind die »Hauptspeisen« der Hirnanhangsdrüse.

Steuerung über das Licht

Solange die Sonne scheint, es draußen hell ist, oder solange zumindest das Licht brennt, produziert die Hirnanhangsdrüse tagaktive Hormone, wie sie für einen wachen, konzentrierten Gesamtzustand wichtig sind. Auch so genannte gonadotrope Hormone werden hergestellt, die für Geschlechtsfunktionen und Fortpflanzung benötigt werden.

Lassen die Lichtreize zu vorgerückter Stunde jedoch nach, und stellt sich später im Bett der Schlummer ein, dann stoppt die Hirnanhangsdrüse die Produktion der Wachhormone; nun pumpt sie das Wachstumshormon ins Blut.

Die großen Hormonmoleküle schwärmen schließlich in die gesamte Blutbahn aus – und jeder Erwachsene besitzt rund 100 000 Kilometer Blutgefäße!

- Durch das Wachstumshormon werden die Fettzellen geöffnet und Fett freigesetzt, das daraufhin im Blutkreislauf zirkuliert.
- Das Hormon stimuliert aber auch Wachstumsfunktionen im Körper: die Mitose (Zellteilung), das Wachstum von Muskeln oder Bindegewebe, Haar oder Fingernägeln, Immunkörpern oder Schleimhautzellen.

Mitochondrien – die Energiebrennöfen

Für das Wachstum wird eine rege Zellaktivität benötigt. Dies bedeutet, dass die Anzahl der so genannten Mitochondrien in den Zellen erhöht wird. Mitochondrien sind kleine Energiebrennöfen, in denen sich Sauerstoff und Brennfettstoff sammeln. Je mehr Wachstumshormon ins Blut gepresst wird, desto mehr Fett wird verbrannt – und desto schlanker und vitaler wachen Sie morgens wieder auf.

Ursache der schlank machenden Wirkung des Wachstumshormons ist die Steigerung der Zellaktivität: Je mehr Hormon von der Hirnanhangsdrüse ausgeschüttet wird, desto mehr Fett wird in den Zellen verbrannt.

Wachstumshormon und Essigsäure

Das Wachstumshormon, dieser nächtliche Schlankmacher der Natur, braucht einen Weggefährten – die Essigsäure. Sie haben es sicher schon bemerkt: Wenn Sie nachts aus dem Schlaf gerissen werden, dann spüren Sie einen säuerlichen Geschmack im Mund. Dieser wird von Speichel und Magensaft verursacht, die sauer angereichert werden, um das Eiweiß im Nahrungsbrei vorzuverdauen. Dieser Prozess lässt sich mit einem Glas Apfelessigwasser zusätzlich ankurbeln. Dann läuft die Fettschmelze auf vollen Touren – und 70 Billionen Körperzellen verheizen Fett im ganz großen Stil.

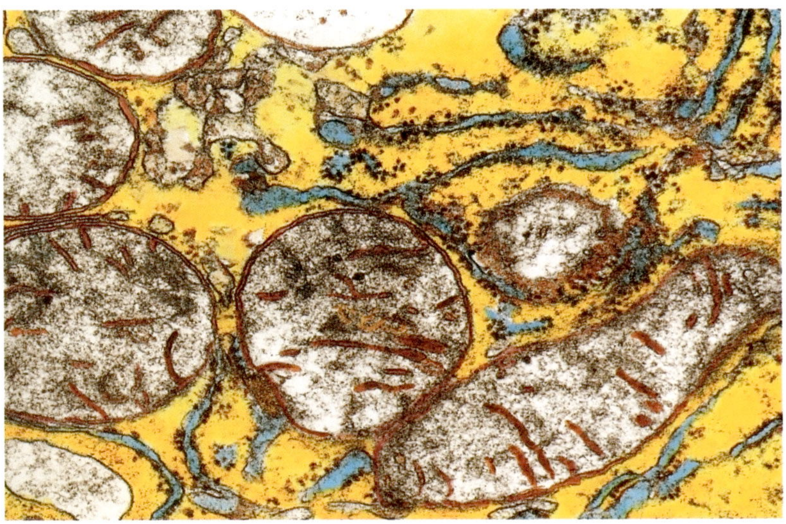

Jede menschliche Zelle enthält Mitochondrien, in denen bei erhöhter Zellaktivität Fettreserven verbrannt und in Energie umgewandelt werden.

Salate mit Apfelessig sind schmackhaft und eine gesunde Bereicherung jeder Mahlzeit.

Gesunde Kost mit Apfelessig

Dickmacher Fresslust

Das größte Dilemma vieler Übergewichtiger ist der dauernde, unstillbare Heißhunger nach zweierlei Geschmacksträgern:
- Die Sucht nach Süßem
- Die Lust auf Nahrung mit viel Fett und Salz

Die Sucht nach Süßem

Die Lust auf Süßes hat ihren Ursprung häufig in einem zu niedrigen Blutzuckerspiegel (Glukosespiegel). Immer wenn der Glukose- bzw. Blutzuckerspiegel absinkt, flammt eine regelrechte Gier nach Schokolade, Pralinen, Schokoriegeln, süßem Gebäck, Cremespeisen, Bonbons oder anderem Süßen heftig auf. Dieser Heißhunger wird vom Gehirn ausgelöst und kann so unwiderstehlich sein, dass die betroffene Person für feine und zarte Geschmacksvielfalt wie z. B. Gemüse überhaupt nichts mehr übrig hat.

Unsere Essgewohnheiten werden meist schon in der Kindheit auf fette, salzige Nahrung eingestellt, und es ist nicht leicht, Gaumen und Zunge später davon zu überzeugen, dass es auch wohlschmeckende Speisen auf der Grundlage von Gemüse, Pilzen oder Vollkornprodukten gibt.

Die Lust auf Fett und Salz

Viele Menschen sind ganz wild auf Nahrung mit Fett und Salz: Currywurst mit Pommes frites, Gänsebraten mit fetter, salziger Kruste, fette Saucen, Hamburger, Pizza, Leberwurst und Salami, Rahmsaucen, Hühnersuppen, Kesselfleisch usw.
Fett schmeckt allein nach gar nichts. Auch das Eiweiß (z. B. im Schnitzel oder Hüftsteak) ist geschmacksneutral. Erst durch Salz und Gewürze werden solche Gerichte zu Favoriten auf der Speisekarte. Dasselbe gilt für alle Dosen-, Fertig- und Tiefkühlgerichte.

Das Dilemma mit dem Blutzuckerspiegel

▶ Der Blutzuckerspiegel ist vor allem für Gehirn und Nerven wichtig, denn deren Zellen akzeptieren als Treibstoff nur reine Glukose. Andere Zellen dagegen – wie z. B. Muskelzellen – können neben Glukose auch andere Substanzen wie Fett verbrennen.
▶ Nur wenn die Glukosewerte in einem Bereich von 90 Milligramm Glukosemoleküle auf 100 Milliliter Blut liegen, können Gehirn- und Nervenzellen ausreichend arbeiten.

Absinkende Glukosewerte

▶ Bei einem Wert von 65 Milligramm Glukose auf 100 Milliliter Blut wird man unruhig, nervös, gereizt.
▶ In einem Bereich von 55 Milligramm Glukose auf 100 Milliliter Blut wird man schnell müde und geht Konflikten aus dem Weg.
▶ Bei einem Wert von 45 Milligramm Glukose auf 100 Milliliter Blut kann man sich nicht mehr konzentrieren, will sich am liebsten verkriechen. Bald stellen sich depressive Verstimmungen ein.
▶ Greift man jetzt zu Süßem (oder zu Alkohol), dann werden die darin enthaltenen schnelllöslichen Kohlenhydrate ins Blut und zu den Gehirn- und Nervenzellen versandt. Der Blutzuckerspiegel steigt rasch wieder an, und man fühlt sich spontan besser.
▶ Dieses gute Gefühl ist jedoch nur von kurzer Dauer: Schon nach 20 Minuten sinkt der Glukosespiegel wieder rapide ab – meist auf einen tieferen Wert als zuvor.

Viele Menschen klagen über Nervosität, Müdigkeit und fehlende Konzentrationskraft am Arbeitsplatz, in der Schule und während der Freizeit. Dies sind oft Folgeerscheinungen eines zu niedrigen Blutzuckerspiegels. Schokolade oder Traubenzucker helfen hier nur kurzfristig. Essig dagegen macht Lust auf langfristig blutzuckersteigerndes Gemüse, Obst und Vollkornprodukte.

Apfelessig kann helfen

Apfelessig reguliert dieses Auf und Ab des Glukosespiegels:
▶ Essig öffnet das Geschmacksempfinden für blutzuckersteigernde Lebensmittel, z. B. Gemüse, Obst oder Vollkornprodukte.
▶ Essig macht Eiweiß besser verdaulich. Und eine gute Verwertung von Eiweiß stellt eine zwingende Vorbedingung für geistiges und körperliches Wohlbefinden dar.

Salz fördert Speck

Wollen Sie wirklich weg von Ihren Bauch- und Hüftringen? Dann verbannen Sie das Kochsalz weitgehend aus dem Speiseplan, und ersetzen Sie es durch andere Würzstoffe.

Neben Pfeffer, Paprika, Curry, Gewürzen oder frischen Kräutern bieten sich hier vor allem essighaltige Geschmacksverstärker an:

- Apfelessig
- Ketchup, der Essig enthält
- Essighaltiger Senf
- Marinaden, Mayonnaise, Dressings oder Dips auf Essigbasis

Ideal zum Umsteigen – weg vom Salz, hin zu anderen Geschmacksgenüssen – sind:

- In Essig eingelegtes Gemüse
- In Essig eingelegte Pilze
- Mixed Pickles

Kräftige Gewürze geben den meisten Gerichten erst den letzten raffinierten Pfiff. Salz sollten Sie allerdings meiden bzw. durch Kräuter oder essighaltige Geschmacksverstärker ersetzen: Ein Salat mit frischen Kräutern, Apfelessig und Öl ist auch ohne Salz sehr wohlschmeckend.

Essig im Speiseplan

Versuchen Sie nach und nach, Salz durch Essig zu ersetzen. Sie werden den neuen Geschmack schnell lieben lernen und genießen können: Auch ganz ohne Salz schmeckt das Essen phantastisch.

- Mindestens einmal am Tag sollten Sie einen Salat- oder Rohkostteller essen. Machen Sie den Salat mit einem hochwertigen Pflanzenöl an. Hierzu eignen sich beispielsweise Soja-, Sonnenblumen- oder Olivenöl. Der Anteil der ungesättigten Fettsäuren im Öl sollte möglichst hoch sein. Verwenden Sie für das Salatdressing auch Essig oder – besser noch – Apfelessig.
- Apfelessig eignet sich auch als Würzmittel für saure Nieren oder Leber, für Saucen und für Käse.
- Viele Gemüsearten lassen sich mit ein paar Tropfen Essig verfeinern. Es ist der erste Schritt dazu, den unvergleichlich feinen Gemüsegeschmack irgendwann einmal auch ganz ohne Essig für seinen Gaumen und seine Zunge zu einem Genuss werden zu lassen.

Wenig Salz für die schlanke Linie

▶ Salz ist lebensnotwendig – aber nur in geringer Konzentration.

▶ Kochsalz besteht aus Natriumchlorid. Das Natrium transportiert Nährstoffe aus dem Darm ins Blut. Deshalb findet sich im dichten Blutgefäßnetz in den Darmwänden sehr viel Natrium.

▶ Natrium kann verhängnisvoll für die Figur sein. Denn es bindet große Mengen Wasser. Je salziger man isst, desto mehr Wasser sammelt sich im Bauchraum. Manche Menschen tragen ständig bis zu zwei Kilogramm überflüssiges Wasser mit sich herum.

▶ Selbst überaus aktive Sportler werden ihren Bauch nicht los – wenn sie zu salzig essen.

▶ Natrium bindet Wasser im Blut. Daher wird das Blutvolumen erhöht, und der Blutdruck steigt.

▶ Eine weitere negative Wirkung von Natrium: Es erhöht den Tonus, also die Gefäßwandspannung in den Adern. Dadurch verengen sich Gefäße – und der Blutdruck steigt weiter an.

▶ Der Ersatz des Geschmacksgebers Salz durch Essig kann sehr schnell die Wende zum Schlankwerden einleiten.

Die Menge macht's

Das im Essig enthaltene Pektin, die Ballaststoffe, Vitamine oder Spurenelemente sind für den menschlichen Stoffwechsel wertvoll – auch wenn ihre Konzentrationen vergleichsweise gering sind. Noch viel wichtiger ist die Essigsäure, die für mehr Magensäure sorgt und den Zellen einen Frischeschub an Eiweiß, Kalzium und Eisen vermittelt. Außerdem regt Essig die Darmtätigkeit an, beseitigt Verdauungsstörungen und befördert unnützes Fett gleich wieder mit dem Stuhl aus dem Körper, so dass es sich erst gar nicht dauerhaft in den Speckpolstern ansiedeln kann.

Trotzdem sollte Essig in der Küche nur in kleinen Mengen Verwendung finden, tropfen-, teelöffel- oder höchstens esslöffelweise. Dies gilt auch für Getränke, denen Apfelessig beigefügt wird. Es hat keinen Sinn, seinem Körper zu viel Essig zuzuführen – man wird dadurch keineswegs schneller schlank.

Apfelessig und andere Essigsorten können Sie in vielfältiger Weise in Ihren Speiseplan einbauen. Aber verfahren Sie nicht nach dem Motto »Viel hilft viel«. Essig sollte Getränken und Gerichten nur tropfen- oder teelöffelweise zugegeben werden.

Der Acht-Tage-Test

Der dringende Rat moderner Biochemiker und Stoffwechselexperten an alle Menschen, die unter Übergewicht leiden, lautet: Umsteigen von Salz auf Essig. Ersetzen Sie, soweit möglich, Kochsalz durch Essig, Kräuter und Gewürze.
Machen Sie doch gleich mal einen Versuch – und zwar mit dem einfachen Acht-Tage-Test:

Die Geschmacksnerven sind leider allzu häufig auf Salziges eingestellt. Dabei besitzt Kochsalz die negative Eigenschaft, Wasser im Gewebe zu binden. Deswegen wirkt Salz als Dickmacher. Auch Ihrem Blutdruck zuliebe sollten Sie auf Apfelessig umsteigen.

Der erste Tag Am Beginn des ersten Tages steigen Sie auf die Waage und notieren Ihr aktuelles Gewicht.
▶ Füllen Sie einen wirklich kleinen Salzbehälter nur zur Hälfte mit jodiertem Speisesalz. Diese Menge muss für eine Woche ausreichen.
▶ Neben Gewürzen und Kräutern nach Belieben, Knoblauch oder Zwiebeln sollten Sie in dieser Woche am besten ausschließlich Essig als Geschmacksgeber verwenden.

Der zweite Tag Gaumen und Zunge beginnen, sich langsam an die Umstellung zu gewöhnen. Ihre Geschmacksnerven passen sich so weit an, dass Sie auch Gerichte ohne (viel) Salz genießen können.

Verschiedene Gewürze, frische Kräuter und Apfelessig können Salz weitgehend überflüssig machen. Durch die Salzreduzierung kommt auch das spezifische Aroma der einzelnen Zutaten wieder besser zur Geltung.

Der dritte und vierte Tag Spätestens am vierten Tag entdecken Sie eine Vorliebe für bislang vielleicht wenig verwendete Lebensmittel wie Sellerie, Kohlrabi, Karotten, Schwarzwurzel, Fenchel, Kohl, Lauch, Mangold, Bohnen, Linsen oder Erbsen. Geben Sie Ihren veränderten Essgelüsten nach, und probieren Sie neue Rezepte aus.

Der fünfte und sechste Tag Spätestens am sechsten Tag wissen Sie: Es geht auch ohne Fleisch oder Geflügel, also ohne jene Lebensmittel, die unbedingt gesalzen werden müssen, um genießbar zu sein.

Der siebte Tag Am siebten Tag werden Sie möglicherweise bereits feststellen, dass Ihnen die Essigsäure zu einem neuen, nie gekannten Bewusstsein für Kochen und Essen verholfen hat: Gemüse, Hülsenfrüchte, Pilze, Kartoffeln, Naturreis – alle diese Nahrungsmittel offenbaren jetzt ihre geschmackliche Einzigartigkeit.
Für Gaumen und Zunge eröffnet sich eine völlig neue Welt des gesunden Essvergnügens.

Der achte Tag Die größte Freude aber werden Sie erleben, wenn Sie am Beginn des achten Tages auf die Waage steigen. Jetzt sind Pfunde runter – und zwar nicht nur durch Wasser, sondern auch sehr viel Fett. Sie haben den Acht-Tage-Test erfolgreich absolviert.

Den Darm entgiften

Abnehmen durch gesunde Ernährung ist ein ganzheitlicher Prozess: Vom Mund über Magen und Darm – alle Organe der Verdauung sind daran beteiligt. Eine effektive Diät startet bereits im Mund, wo – möglichst schlank machende – Lebensmittel sorgfältig gekaut werden. Im Magen wird dann – vor allem schlank machendes – Eiweiß gründlich vorverdaut. Die dritte und wichtigste Station der Verdauung ist schließlich der Darm. Ein gut funktionierender Darm ist nämlich unerlässliche Voraussetzung für einen perfekten Fettstoffwechsel, der den Speck aus Bauch und Hüften vertreibt.

Voraussetzung für einen gesunden Fettstoffwechsel ist eine intakte Darmflora. Fehlernährung führt zur Vermehrung schädlicher Bakterien und Pilze und zur Schädigung der Darmschleimhaut. Unangenehme Verstopfungen, Blähungen oder Durchfall sind die Folgen dieser Krankmacher. Mit Apfelessig können Sie hier Abhilfe schaffen.

Wunderwelt der Verdauung

Eine kerngesunde Darmschleimhaut sieht unter dem Mikroskop aus wie der üppige Amazonasdschungel: Überall gibt es einen dichten Bewuchs von »Bäumen« mit Zotten und Auswüchsen, Grotten und Spalten. Dadurch erhält die Schleimhaut enorm viel Oberfläche. Könnte man den Darm eines Menschen in seiner ganzen Fläche ausbreiten, wäre er so groß wie ein Tennisplatz.

Der Nahrungsbrei jeder Mahlzeit legt sich wie ein hauchdünner Film auf die Schleimhaut – so kann der Darm fast jedes Nährstoffmolekül aufnehmen und ins Blut übertragen.

Bei Fehlernährung, Pilz- oder Bakterienbefall wird die Oberflächenstruktur im Darm immer dünner und spärlicher. Die Schleimhaut verkümmert, es können sich sogar verhornte Stellen bilden. Der Darm verliert seine wichtige Funktion als Immunschutz gegen eindringende Krankheitserreger.

Die ständigen Darmbewegungen erfolgen nur noch im Schneckentempo. Immer mehr Gifte und schädliche Mikroorganismen häufen sich an, die lebensnotwendige Darmflora im Dickdarm bricht teilweise zusammen.

Spätestens jetzt gerät der Fettstoffwechsel im Darm aus der Balance: Die Cholesterin- und Lipidwerte im Blut steigen.

Außerdem drängen immer mehr Triglyzeride (Fettmoleküle) in die ohnehin bereits aufgequollenen Fettzellen.

Magensäure zerstört Bakterien, bevor sie in den Darm gelangen. Durch Essigsäure in der Nahrung wird das desinfizierende Säurebad im Magen noch verstärkt.

Die saure Schranke im Magen

Apfelessig ebnet der schlanken Verdauung den Weg. Denn er räumt gründlich auf mit zahlreichen Bakterien, die den Verdauungsprozess beeinträchtigen. Während Viren vor allem Wärme bzw. Hitze schlecht vertragen – und deshalb bei Fieber absterben –, reagieren Bakterien in erster Linie auf eines »allergisch«: Säure.

Bakterien benötigen das basisch-alkalische und milde Milieu der Darmverdauungssäfte. Deshalb siedeln sie sich mit Vorliebe im Darm an und bilden dort schnell ihre Großkolonien.

Um in den Darm zu gelangen, müssen die Bakterien erst einmal durch den Magen – durch jene Schranke, wo die Magensäure einen Großteil der Bakterien zerstört. Mit Apfelessig können Sie das saure Milieu im Magen noch erhöhen und damit den Bakterien ihren Weg zum Darm weitgehend versperren.

Schutz vor Krankheitserregern

Es gibt Leute, die waschen ihren Salat fünfmal und gucken ihn dann Blatt für Blatt genau an: »Jetzt ist er wirklich sauber, von irgendwelchen Mikroorganismen keine Spur.«
Die Lebensmittelwirklichkeit sieht anders aus: So intensiv putzen und schrubben, spülen und abkratzen kann man z.B. Salatblätter gar nicht, als dass sich da unterm Mikroskop nicht eine blühende Welt Hunderter unterschiedlicher Krankheitserreger zeigte: Pilze, Parasiten, Viren, Bakterien und andere mikrobiologische Lebewesen. Um den Organismus vor diesen Gefahren zu schützen, hat die Natur die Magensäure erfunden.

Süßes und fettiges Essen macht den Darm nicht nur träge, es ist auch die Nahrungsgrundlage von Pilzen und anderen Krankheitserregern. Gesunde Ernährung lässt unerwünschte »Mitesser« im Darm schlichtweg verhungern.

Heilmittel für den Magen

Besonders schädlich für die empfindliche Dünndarmschleimhaut sind beispielsweise Bakteroide oder Clostridiumbazillen, denn sie können die Fettverwertung völlig durcheinander bringen. Diese winzigen Übeltäter fressen kostbare Vitamine und verwandeln den normalerweise reibungslosen Kohlenhydratabbau im Darm in eine einzige Katastrophe. Die Folgen: Fettstuhl, Vitaminmangel, Durchfall, Blähungen, Koliken. Apfelessig ist ein natürliches Arzneimittel aus der Apotheke der Natur, das diesen Beschwerden vorbeugt – und das praktisch ohne Aufwand. Allein die Einnahme von Apfelessig setzt folgenden Abwehrprozess in Gang:

- Der pH-Wert (Säurewert) im Magen sinkt ab, die Säure im Magensaft nimmt zu und zerstört innerhalb von Sekunden die im Nahrungsbrei enthaltenen Bakterienstämme. Diese Bakterien können sich nun im Dünndarm nicht mehr einnisten und festsetzen.

Süßigkeiten sind nicht nur eine Hauptursache für Gewichtsprobleme – sie schränken auch die Darmtätigkeit ein. Dadurch kann es zu Verdauungsproblemen und Darmerkrankungen kommen.

Darmperistaltik

Blähungen, Bauchschmerzen, Verstopfung und Durchfälle sind ein Zeichen dafür, dass mit Ihrem Darm etwas nicht stimmt. Wenn Sie regelmäßig Apfelessig zu sich nehmen, verschwinden diese Beschwerden ganz schnell, denn der Essig tötet die Fäulnisbakterien im Darm ab und fördert die Produktion von Verdauungsenzymen. Schlank machender Nebeneffekt: Apfelessig mindert Hungergefühle.

Durch die wellenartigen Kontraktionen des Darms, die den Nahrungsbrei voranschieben, werden Gift- und Schadstoffe, Viren, Pilze und Bakterien über den Stuhl ausgeschieden. Das Problem ist dabei oft: Wer sich vornehmlich von Süßem, hellen Mehlprodukten und Salzig-Fettem ernährt, dessen Darmbewegungen schlafen mit der Zeit nahezu völlig ein. Die Folge davon ist, dass die Kolonien der Krankheitserreger im Dünndarm nun überhaupt nicht mehr gestört werden und seine Pilz- und Bakterienbesiedelung überhand nimmt.

Wenn Gallensäuren fehlen

Ein weiterer schädlicher Nebeneffekt des Bakterienbefalls ist der Abbau wichtiger Gallensäuren. Die Folgen sind weitreichend und können sogar lebensgefährliche Krankheiten hervorrufen:

- Freie Gallensäuren zerstören das Darmgewebe.
- Vitamin B12 (unerlässlich für Blutproduktion, Muskelarbeit und geistige Frische) wird kaum noch ins Blut übertragen.

- Der Eiweißabbau zu Aminosäuren wird gedrosselt; dadurch sinken die Eiweißwerte im Blut rapide ab.
- Die ursprünglich gesunde Darmflora im Dickdarm wechselt ihren Charakter: Tückische Krankheitsbakterien herrschen jetzt auch hier, es kommt zu Verstopfungen und Vergiftungen, schlimmstenfalls sogar zu Dickdarmkrebs.

Magen und Darm müssen also unbedingt Tag für Tag desinfiziert, entgiftet und von Bakterien oder anderen Krankheitserregern freigehalten werden. Dabei hilft nichts besser als Essigsäure. Ein Trunk mit Apfelessig vor, zu oder nach jedem Essen sorgt langfristig für ein gesundes Darmklima.

Mit einer Apfelessigkur können Sie die Darmflora kräftigen und damit eine entscheidende Voraussetzung schaffen, um Darmerkrankungen vorzubeugen. Dabei hilft auch die langfristige Umstellung auf eine gesunde Ernährung mit vielen Ballaststoffen, z. B. aus Rohkost.

Entzündlichen Darmerkrankungen vorbeugen

Entzündliche Darmerkrankungen wie Colitis ulcerosa oder Morbus Crohn sind typische Zivilisationskrankheiten, die eng mit einer falschen Ernährung im Zusammenhang stehen. Die Risikofaktoren für entzündliche Darmerkrankungen sind:

- Ballaststoffarme Ernährung
- Zu viel Zucker
- Überhöhter Kaffeekonsum
- Stress

Um Darmerkrankungen vorzubeugen, ist vor allem eine grundsätzliche Änderung Ihrer Ess- und Lebensgewohnheiten notwendig:

- Nehmen Sie möglichst viel Ballaststoffe mit Ihrer Nahrung auf, besonders in Form von Rohkost.
- Vermeiden Sie weißen (raffinierten) Zucker möglichst weitgehend.
- Wenn Sie einen empfindlichen und »nervösen« Darm haben, dann sollten Sie Ihren Kaffeegenuss einschränken, denn die Röststoffe des Kaffees belasten die Darmflora zusätzlich. Fällt Ihnen dies schwer, dann sollten Sie zumindest versuchen, auf schonend gerösteten Kaffee (Schonkaffee) umzusteigen.
- Kontrollieren Sie Ihren Stress, und versuchen Sie, besonders stressintensive Phasen durch bessere Organisation abzumildern.

Auch wenn die genetischen Voraussetzungen nicht perfekt sind, kann man abnehmen. Man muss aber die bisherigen Lebens- und Essgewohnheiten ändern.

Genetische Ursachen des Übergewichts

Es gibt Menschen, die kaum abnehmen, obwohl sie sich fast ausschließlich von Kaffee, Kaugummi und ein paar Keksen ernähren. Dies kann daran liegen, dass die Triglyzeride sehr hartnäckig in den Fettzellen sitzen und sich um keinen Preis aus ihrer »Heimat« vertreiben lassen. Angeblich kann in diesem Fall niemand helfen – kein Arzt und keine Schlankheitskur.
Aber auch für diese Menschen ist es relativ leicht, von ihrem Gewicht herunterzukommen. Allerdings genügt es dabei nicht, einfach nur Apfelessig zu trinken. Eine wichtige Voraussetzung für den Erfolg ist es, erst einmal über die Gründe des Dickseins Bescheid zu wissen.

Dicksein – eine Erblast?

Schlankheits- und Fettleibigkeitsgene

Gene besitzen entscheidenden Einfluss auf das Körpergewicht: Die Fettleibigkeitsgene halten das Fett in den Fettzellen fest. Bei langjähriger Fehlernährung dominieren diese Fettleibigkeitsgene die gesunden und fettfreisetzenden Schlankheitsgene.

Alles im Körper geschieht auf Anordnung der Gene in den Zellkernen. Ausgeführt werden diese Befehle dann vom Eiweiß. Alle anderen Nährstoffe wie Vitamine, Mineralstoffe, Spurenelemente, Fettsäuren oder Glukose sind lediglich Hilfsstoffe bei diesen Vorgängen.
Es gibt Gene, die für das Wachstum der Haare sorgen oder die Produktion von Glückshormonen veranlassen, sowie Gene für das Muskelwachstum. Und es gibt Gene, die den Fettzellen befehlen, ihr überschüssiges Fett freizugeben, damit es im Körper zu Energie verbrannt werden kann. Aber es gibt auch die so genannten Obesity-Gene (Fettleibigkeitsgene), die das Fett in den Fettzellen festhalten.
Diese Fettleibigkeitsgene gewinnen nach und nach die Oberhand über die Schlankheitsgene, wenn sich ein Mensch jahrelang völlig falsch und ungesund ernährt.

Mutationen führen zu Fettdepots

Auslöser von Genmutationen sind bestimmte Adenoviren, die sich von Fett ernähren und denen sehr daran gelegen ist, dass die Fettzellen immer schön gefüllt sind mit gelbem Fett.
Diese Mutationen von den Schlankheits- zu den Fettleibigkeitsgenen müssen wieder umgekehrt werden. Die bislang dominanten Fettleibigkeitsgene müssen also schleunigst wieder bedeutungslos werden. Dafür müssen die Schlankheitsgene schließlich dominant und reaktiviert werden, wie es die Natur ja auch ursprünglich für jeden Menschen vorgesehen hat. Wenn dies gelingt, wird die »Einbahnstraße Fett« umgedreht. Sie verläuft dann nicht mehr aus dem Darm über Blut und Leber in die Speckpolster, sondern umgekehrt aus den Fettdepots über das Blut zu den Muskel- und anderen Zellen im Körper. Je nach dem Grad der Fettleibigkeit kann es dann in relativ kurzer Zeit zu beträchtlichen Gewichtsverlusten kommen.

Das Kernstück der Apfelessigkur ist das Glas Wasser mit Apfelessig vor den Mahlzeiten. Aber auch zwischendurch sollten Sie dieses Getränk ungesüßt zu sich nehmen.

Kampf dem Speck mit Apfelessig

Apfelessig kann eine wichtige und stimulierende Rolle spielen, um die Entwicklung zu mehr und mehr Fett zu stoppen und umzudrehen:

- Vor jeder Mahlzeit sollten Sie grundsätzlich 1 Glas Mineralwasser oder Leitungswasser zu sich nehmen, das mit 1 Esslöffel Apfelessig vermengt wird. Wichtig: Bitte geben Sie aber keinen Honig oder andere süße Geschmacksverbesserer dazu.
- Vormittags, nachmittags und spätabends vor dem Schlafengehen sollten Sie ebenfalls 1 Glas Wasser mit Apfelessig trinken.

Essen Sie, so viel Sie wollen

Die richtige Ernährung zum Fettabbau wird durch spezielle Lebensmittel selbst limitiert. Sie brauchen also keine Kalorien zu zählen. Sie dürfen von diesen Nahrungsmitteln so viel essen, wie Sie wollen. Selbst 4000 Kilokalorien am Tag machen dann eher schlank als dick.

Erlaubte Lebensmittel

Das A und O jeder erfolgreichen Schlankheitskur ist die Umstellung auf Vollwertkost: Obst, Gemüse, Vollkornprodukte, mageres Fleisch und Fisch sind gesund und können in einer Vielzahl von Gerichten abwechslungsreich zubereitet werden.

Wenn sie sich an folgende Lebensmittelliste halten, können auch stark übergewichtige Menschen spielend leicht abnehmen:

- Vollkornbrot, Pumpernickel, Knäckebrot
- Magerkäse, Quark, Joghurt
- Alle leicht oder stark säuerlichen Obstsorten wie Äpfel, Sauerkirschen, Heidelbeeren, Himbeeren, Preiselbeeren, Stachelbeeren, Grapefruits, Zitronen, Kiwis, Orangen
- Alle Gemüsesorten (roh oder in wenig Wasser kurz gegart), Pilze
- Kartoffeln, Naturreis, Vollwertnudeln
- Krabben, Kaltwasserfisch (Portionen nicht größer als 60 Gramm)
- Kalter Braten, magerer Schinken
- Hähnchenfleisch (ohne Haut)
- Soja- oder Tofuprodukte
- Butter, Pflanzenöl
- Vollkornmüsli aus Roggen, Weizen, Hafer, Gerste, Dinkel, Buchweizen, Hirse
- Gewürzt wird mit feinem Apfelessig, Knoblauch, Zwiebeln, Meerrettich, Senf, Pfeffer, Paprika, Curry und nur sehr wenig Salz

Längere Spaziergänge an der frischen Luft unterstützen die Apfelessigkur genauso wie Radfahren oder Schwimmen. Auch zur Entspannung sind sie zu empfehlen.

Erlaubte Getränke

▶ In der ersten Woche gibt es als Getränke: Kaffee, schwarzen oder grünen Tee, Kräutertee ohne Sahne und Zucker (Süßstoff ist erlaubt), Gemüsesäfte, Tomatensaft oder säuerliche Fruchtsäfte, Mineralwasser oder Leitungswasser sowie Buttermilch.
▶ Ab der zweiten Woche sind auch süßere Fruchtsäfte wie z. B. Apfelsaft, Orangensaft sowie pro Tag ein halber Liter Bier oder ein viertel Liter trockener Wein erlaubt.

Auch viele Getränke machen dick. Erlaubt sind jedoch ungesüßter Tee und Kaffee, Wasser, Gemüsesäfte und säuerliche Fruchtsäfte. Einen Schluck Bier oder Wein sollten Sie sich erst in der zweiten Woche der Kur gönnen.

Veränderungen im Fettstoffwechsel

Bei einer solchen Kost, unterstützt durch geringe Beigaben von Apfelessig, kommt es schon am zweiten Tag zu erheblichen Veränderungen im Stoffwechsel der Fettzellen:
▶ Die Konzentration fetterzeugender Adenoviren nimmt ab.
▶ Die Zahl dick machender Enzyme im Übergang von Blutgefäßen zu Fettzellen (Wissenschaftler sprechen von Lipoproteinlipasen) sinkt.
▶ Die Fettzellen öffnen sich unter dem Einfluss der Stresshormone und geben ihren Inhalt an das Blut ab, der dann in den Körperzellen zu Energie umgewandelt wird.
▶ Sie fühlen sich schon morgens vitaler und frischer – und Sie nehmen deutlich an Gewicht ab.

Gesunde Bewegung

Diese Apfelessigkur muss unbedingt durch Bewegung unterstützt werden. Dabei gelten folgende Regeln:
▶ Am ersten und zweiten Tag sollten Sie sich mindestens doppelt so viel bewegen wie üblich.
▶ Diesen neu erworbenen Bewegungsstatus sollten Sie am dritten Tag noch einmal verdoppeln.
▶ Danach fügen Sie zusätzlich täglich zwei intensiv ausgeführte Trainingseinheiten von jeweils etwa drei Minuten an.

Die nachfolgenden drei Übungen können Sie leicht in Ihren alltäglichen Tagesablauf einbauen: Morgens, in der Mittagspause oder abends benötigen Sie hierzu nur wenige Minuten. Geben Sie sich einen Ruck – und bewegen Sie sich.

»Muskeln foltern«

- Auf den Rücken legen
- Beine anwinkeln
- Hände unter den Hinterkopf legen
- Oberkörper möglichst weit vom Boden abheben
- Etwa 1 Minute (oder solange es anfangs geht) in dieser Stellung verharren
- Danach jeweils zur kurzen Erholung (nicht länger als 10 Sekunden) den Rücken auf den Boden absenken

Ein bisschen körperliche Anstrengung sollte Ihnen Ihre Traumfigur schon wert sein. Kurze Gymnastikübungen für Po und Bauch passen in jeden noch so vollgestopften Terminplan leicht hinein.

»Bauchschwimmen«

- Auf den Bauch legen
- Oberkörper so weit wie möglich vom Boden wegbewegen
- Arme weit nach vorn, dann nach hinten über den Po strecken
- Diese Übung mit jeweils einem angehobenen Bein wiederholen
- Schließlich mit den abgehobenen Beinen Schwimmbewegungen ausführen

»Knieschaukel«

- Auf einem Teppich knien, nach hinten auf die Fersen abkippen, mit den Händen abstützen
- Po und Arme bei steifem Rücken langsam heben und senken
- Diese Übung 1 Minute lang wiederholen
- Wieder auf Fersen und Arme abstützen, jetzt das Becken abheben und möglichst 1 Minute in dieser Stellung verharren
- Po und Arme wenige Zentimeter von den Fersen wegbewegen und in dieser Stellung verharren

Von der Lipogenese zur Lipolyse

Jede andere Stretching- oder Yogaübung dient demselben Zweck wie die genannten Beispiele. Alle schweißtreibenden Bewegungsformen unterstützen den Umbau von der dick machenden Lipogenese (Fetteinbau) zur schlank machenden Lipolyse (Fettabbau). Dazu zählen vor allem Jazzdance, Aerobicübungen, rasches Treppensteigen und auch Liegestützen.
Ideal sind ebenfalls Jogging, Walking, schnelles, aktives Spazierengehen oder Wandern, Radfahren und Bergsteigen.

Wenn der Schweiß in Bächen fließt, dann verschwinden Speckpolster am schnellsten. Bei Ausdauersportarten wie Joggen, Radfahren oder Aerobic verbrennt der Körper nicht nur Kohlenhydrate, sondern auch viel Fett. Aber Vorsicht: Ungeübte sollten hierbei nichts übertreiben.

Kälte macht schlank

- Ziehen Sie sich bei Ihren sportlichen Aktivitäten nicht zu warm an, sondern wählen Sie lieber etwas leichtere Kleidung. Körperwärme entsteht am gesündesten durch viel eigene Bewegung.
- Spaziergänge – oder noch besser Sport – im Regen oder Schnee stimulieren die fettfreisetzenden Gene zusätzlich.
- Wissenschaftler empfehlen ernsthaft: Lassen Sie sich ruhig klatschnass regnen, stellen Sie sich anschließend daheim unter die Dusche, und reiben Sie sich mit einem Handtuch trocken.
- Gebrauchen Sie nachts keine zu warme, dicke Bettwäsche. Sie soll so leicht und bequem sein, dass man gerade nicht friert.
- Überheizen Sie Ihre Wohnung nicht.

Je mehr Bewegung, desto besser

Bei jeder sportlichen Betätigung steigt die Stoffwechselrate im Körper: Von den Muskelzellen wird mehr Depotfett zum Verheizen angefordert. Proteine in den Speckpolstern veranlassen nun, dass massenweise Triglyzeride aus den Fettzellen ins Blut abgegeben werden.
Bei einer Intensivkur mit Apfelessig, ausgewählten Lebensmitteln und Bewegung bleibt aufgequollenen Fettzellen keine Wahl: Unter der unbestechlichen Führung der Schlankheitsgene schrumpfen sie – das Körpergewicht nimmt rapide ab.

Obst, Vollkorn- und Milchprodukte unterstützen wirkungsvoll die schnelle Schlankheitskur mit Apfelessig.

Drei-Tage-Apfelessigkur

Eildiät für Ungeduldige

Die große Fettschmelze dürfen Sie bei dieser Schnellkur nicht erwarten, aber die Pfunde purzeln trotzdem. Dafür sorgt der hohe Entwässerungseffekt der Drei-Tage-Apfelessigkur mit Hilfe von Kalium.

▶ Drei Viertel des verlorenen Gewichts sind Wasser.

▶ Nur ein Viertel der abgespeckten Körperfülle ist Fett.

▶ Der Wasserverlust ist beträchtlich und je nach Übergewicht weitaus höher als bei normalen Schlankheitskuren.

▶ Verantwortlich für eine Hälfte des Wasserverlusts ist Glukose, die zu Energie verbrannt wird. Jedes Gramm Depotglukose (z. B. in den Muskeln) ist an 2,7 Gramm Wasser gebunden, das beim Verheizen der Glukose ebenfalls verloren geht.

▶ Die zweite Hälfte des Wasserverlusts stammt ausschließlich aus ausgeschiedenem Natrium.

Nahrungsmittel mit viel Kalium

Kalium und Natrium sind die zentralen Gegenspieler im menschlichen Wasserhaushalt: Natrium (im Kochsalz) saugt Wasser ins Blut und bindet es im Körper. Kalium entwässert dagegen, d. h. es schafft das Wasser zu den Nieren, damit es über die Blase ausgeschieden werden kann.

Besonders viel Kalium enthalten Avocados, Grüngemüse, Kohl, Hülsenfrüchte, Sellerie, Kartoffeln, Spargel, Salat, Bananen, Vollkornprodukte und Milch. Diese Lebensmittel spielen daher bei der Drei-Tage-Apfelessigdiät eine besondere Rolle.

Unterstützt wird diese schnelle Schlankheitskur wirkungsvoll von dreiminütigen Bewegungs- und Schwitzübungen sowie von kleinen sportlichen Aktivitäten.

Kalium hilft bei der Entwässerung des Körpers. Grünes Gemüse, Avocados, Bananen und andere Nahrungsmittel mit hohem Kaliumgehalt sind deshalb bei jeder Diät von besonderer Bedeutung.

Das dürfen Sie essen

Nachfolgend finden Sie einige Rezeptvorschläge. Wählen Sie ganz nach Lust und Appetit.

▶ Zu trinken gibt es Kaffee, schwarzen bzw. grünen Tee, Kräutertee oder warme Milch (bitte verzichten Sie auf jeglichen Zucker; fettarme Sahne und Süßstoff sind jedoch erlaubt).

▶ Vor dem Frühstück sollten Sie 1 kleines Glas (0,2 Liter) mit Wasser füllen, 1 Esslöffel Apfelessig dazugeben und trinken.

Der eine mag es schon am Morgen pikant, der andere liebt ein fruchtiges Frühstück. Welcher Typ Sie auch sind, nach einem gesunden Frühstück können Sie energiegeladen und gut gelaunt in den Tag starten.

Das Frühstück

Schinken-Gurken-Brot

Zutaten: 1 Scheibe Vollkornbrot, 1 TL Butter, 1 Scheibe magerer Schinken, 1 kleine Gewürzgurke, Diätmayonnaise, Salz, Pfeffer

Zubereitung: Vollkornbrot mit Butter bestreichen, Schinken darauf legen. Gurke in Scheiben schneiden, auf dem Schinken auslegen. Mit etwas Diätmayonnaise garnieren, mit Salz und Pfeffer bestreuen.

Türkisches Frühstück

Zutaten: 1 Ei, 1 feste Tomate, 30 g Gurke, 50 g Schafskäse, 5 Oliven, 3 Scheiben Knäckebrot, Salz, Pfeffer

Zubereitung: Ei hart kochen, in Scheiben schneiden. Tomate überbrühen, die Haut abziehen und klein schneiden. Gurke in Scheiben schneiden. Schafskäse würfeln und alles zusammen mit den Oliven auf dem Knäckebrot anrichten. Mit Salz und Pfeffer würzen.

Abspecken nach Tabelle

Mit der Drei-Tage-Apfelessigkur verlieren Sie an Gesamtgewicht (Wasser und Fett):

▶ Bei 30 Kilogramm Übergewicht	ca. 3100 Gramm
▶ Bei 20 Kilogramm Übergewicht	ca. 2600 Gramm
▶ Bei 10 Kilogramm Übergewicht	ca. 1700 Gramm
▶ Bei 5 Kilogramm Übergewicht	ca. 1100 Gramm

Früchtefrühstück

Zutaten: 1 Banane, 1 Kiwi, 1 Apfel, 1 Becher Biojoghurt, 1 EL Sonnenblumenkerne
Zubereitung: Banane, Kiwi und Apfel klein schneiden und mit dem Joghurt verrühren. Sonnenblumenkerne darüber streuen.

Pumpernickel mit Kräuterquark

Zutaten: 4 EL Magerquark, 1 TL saure Sahne, Kräutersalz, Pfeffer, Paprika, 1 EL gehackte Kräutermischung, 2 Scheiben Pumpernickel
Zubereitung: Den Magerquark mit der sauren Sahne vermengen, die Gewürze und die Kräutermischung darunter rühren. Den Kräuterquark auf die Brotscheiben geben.

Mit mehreren kleinen Mahlzeiten am Tag tun Sie Ihrer Gesundheit viel Gutes. Ein Früchtemüsli zur Frühstückspause gibt neue Kraft und Energie – so machen Sie nicht schon am Vormittag schlapp.

Zwischengerichte

Trinken Sie vor jeder Zwischenmahlzeit 1 kleines Glas Wasser (0,2 Liter) mit 1 Esslöffel Apfelessig. Gesunde Pausensnacks sind:

- ▶ 1 Tofuwürstchen (Bioladen) mit Senf und 1 Scheibe Knäckebrot
- ▶ 1 Vollkornmüsli (1/2 Tasse) mit klein geschnittenem frischem Obst, mit Biojoghurt vermengen
- ▶ 1 Scheibe Roastbeef auf 1 Scheibe Knäckebrot, mit Gewürzgurkenstückchen garnieren
- ▶ 1 Scheibe Pumpernickel mit 1 Teelöffel Butter bestreichen, darauf 1/2 hart gekochtes Ei als Scheibchen garnieren. Das Brot mit Paprika und Salz bestreuen
- ▶ 1 Scheibe Honigmelone mit 1 Scheibe dünn geschnittenem Parmaschinken, dazu 1 Scheibe Vollkornknäckebrot
- ▶ 30 Gramm ungeschwefeltes Trockenobst (Reformhaus, Bioladen)
- ▶ 1 große Karotte raspeln, mit etwas Pflanzenöl und Apfelessig anmachen, mit Salz und Pfeffer würzen. Dazu 1 Scheibe Vollkornbrot
- ▶ 50 Gramm Champignons, dünn geschnitten, mit Diätdressing angemacht, dazu 1 Scheibe Knäckebrot
- ▶ 1/2 Avocado mit der Gabel zerquetschen, mit Zitronensaft beträufeln, pfeffern und leicht salzen
- ▶ 30 Gramm Sojaknabbereien (Reformhaus oder Bioladen)

Das Mittagessen

▶ Der Schwerpunkt des Mittagessens liegt auf entwässerndem Gemüse und Pilzen, die Sie jeweils mit etwas Salz in wenig Wasser nur kurz dünsten sollten. Auf diese Weise bleiben wichtige Vitamine, Mineralstoffe und Spurenelemente erhalten.
▶ Die Energiebrennstoffe stammen aus Kohlenhydraten, die in Naturreis, Vollwertteigwaren und Kartoffeln reichlich enthalten sind.
▶ Fett gibt es nur sparsam in Form von Butter oder wertvollen Pflanzenölen, damit sich der Organismus möglichst viel aus den Speckdepots an Bauch, Hüften, Po und Oberschenkeln holt. Das macht vor allem den Erfolg der Drei-Tage-Apfelessigkur aus.
▶ Komplexe Kohlenhydrate (aus Vollkornprodukten, Gemüse usw.) und etwas Eiweiß aus Fleisch, Fisch, Geflügel oder Tofu heben den Blutzuckerspiegel an. Dies verscheucht Müdigkeit und wirkt anregend: Der Stoffwechselumsatz steigt, die Lipolyse (Fettfreisetzung) kommt dabei richtig auf Touren.

Entwässerndes Gemüse und Pilze sollten Hauptbestandteil des Mittagessens sein. Lassen Sie sich von den hier vorgeschlagenen Rezepten inspirieren, und experimentieren Sie auch selbst ein wenig mit neuen Variationen.

Die angegebenen Rezepte sind lediglich Vorschläge. Auf der Basis von Gemüse und Pilzen sowie gesunden Vollwertprodukten können Sie den Speiseplan mit etwas Phantasie ganz frei nach Ihren Vorlieben, Wünschen und nach Ihrem Appetit individuell umgestalten.

Pute mit Rosenkohlgemüse

Zutaten: 60 g Putenschnitzel, 200 g Rosenkohl, 1 gewürfelte Zwiebel, 1 EL Butterschmalz, Salz, Pfeffer, 1 EL Pflanzenöl, 1 EL Apfelessig, 1 EL geröstete Mandelblättchen
Zubereitung: Das Putenschnitzel gründlich abbrausen und in kleine Stücke schneiden. Den Rosenkohl putzen, waschen und mit wenig Wasser in einen Topf geben. 20 Minuten lang zugedeckt garen lassen. Auf einem Sieb abtropfen lassen. Die Zwiebel in der Pfanne in Butterschmalz goldgelb rösten. Die Putenstücke hinzugeben und hellgelb braten. Mit Salz und Pfeffer bestreuen, mit dem Pflanzenöl und dem Apfelessig vermengen. Dies alles unter das Rosenkohlgemüse legen, mit den Mandelstückchen garnieren.

Probieren Sie Sauerkraut einmal anders: Nektarinen und Rosinen versprechen einen neuen, interessanten Geschmack.

Champignon-Gurken-Auflauf

Zutaten: 4 EL Naturreis, 1 Gurke, 1/4 l Gemüsebrühe, 1 gewürfelte Zwiebel, 1 EL Pflanzenöl, 1 Fleischtomate, 100 g Champignons, Salz, Pfeffer, Paprika, 1 TL gehackte Petersilie, 1 TL Majoran, 2 EL geriebener Parmesan

Zubereitung: Naturreis bissfest kochen. Gurke waschen, schälen und halbieren, Kerne mit dem Löffel herausschaben, in der Gemüsebrühe 5 Minuten dünsten. Zwiebel im Öl goldgelb rösten. Tomate häuten und würfeln, Champignons putzen und zerkleinern, beides in die Pfanne geben. Mit Salz, Pfeffer und Paprika würzen. 5 Minuten garen. Petersilie und Majoran untermischen. Auflaufform ausbuttern, Gurkenhälften einlegen und mit der Tomaten-Champignon-Masse auffüllen. Mit dem Parmesan überstreuen und bei 200 °C 12 Minuten im Backofen überbacken. Zusammen mit dem Naturreis servieren.

Pikantes Schweinefilet

Zutaten: 3 Biokartoffeln, 150 g Schweinefilet, 1 EL Pflanzenöl, 1 TL Butter, 1 Schalotte, 5 EL Kräuterfrischkäse, 1 TL Worcestersauce, Salz, Pfeffer

Zubereitung: Kartoffeln mit Schale in Salzwasser gar kochen. Schweinefilet in Scheiben schneiden und beidseitig kurz in Öl anbraten. Herausnehmen und warm stellen. Öl abgießen, Butter in die Pfanne geben und Schalotte andünsten. Frischkäse zufügen, mit Worcestersauce, Salz und Pfeffer abschmecken. Fleischscheiben dazugeben. Mit den Kartoffeln (am besten mit der Schale essen) anrichten.

Sauerkraut mit Kartoffelbrei

Zutaten: 2 mittelgroße Kartoffeln, 1 Apfel, 1 Nektarine, 1 TL Rosinen, 125 g Sauerkraut,1 EL Sahne, 3 EL Milch, Salz, Pfeffer, Muskat

Zubereitung: Kartoffeln in der Schale mit wenig Salzwasser dünsten. Apfel und Nektarine in kleine Stückchen schneiden, mit den Rosinen unter das Sauerkraut mischen. In wenig Wasser 12 Minuten lang gar dünsten. Sahne unterrühren. Milch erhitzen, Kartoffeln pellen, mit der Milch zerdrücken, dann mit einer Gabel luftig schlagen. Mit Salz, Pfeffer und Muskat abschmecken. Mit dem Sauerkraut servieren.

Das Abendessen

Zum Abendessen gibt es viel Eiweiß und wenig Kohlenhydrate. Nach dem Abendessen sollten Sie keine weitere Nahrung zu sich nehmen. Vor dem Abendessen wird wieder ein kleines Glas Wasser oder Mineralwasser mit einem Schuss Apfelessig (ohne Honig) getrunken. Bis zum Schlafengehen dürfen Sie Kräutertee, Mineralwasser, Gemüse- oder Tomatensaft nach Belieben trinken (ohne Zucker; Süßstoff im Kräutertee ist jedoch erlaubt).

Wenn Sie nachts schwer einschlafen können, dann sollten Sie das eiweißreiche Abendessen möglichst frühzeitig einnehmen, denn Eiweiß macht wach, Kohlenhydrate dagegen müde.

Mozzarella überbacken

Zutaten: 1 Packung Mozzarella, 1 Ei, Salz, Pfeffer, 2 EL Semmelbrösel, 2 TL Butter, 1 Scheibe Vollkornbrot, 1 kleine Tomate, 1 TL Zitronensaft

Zubereitung: Den Mozzarella abtropfen lassen. Das Ei verquirlen, mit Salz und Pfeffer würzen. Den Mozzarella darin wenden und mit den Semmelbröseln bestreuen. Die Butter in der Pfanne erhitzen, den Mozzarella beidseitig anbraten, bis er zu schmelzen beginnt. Danach auf die Vollkornbrotscheibe geben, die Tomate klein schneiden und darauf legen. Mit dem Zitronensaft beträufeln.

Kartoffeln enthalten vor allem hochwertige Kohlenhydrate. Essen Sie sie am besten mittags; abends sollten Sie eiweißreiche Beilagen wählen.

Shrimps mit Rührei

Zutaten: 50 g Shrimps, 1 Ei, 1 EL Sahne, 1 TL Butter, 3 Scheiben Vollkornknäckebrot, Salz, Pfeffer, Paprika, Muskat, 1 TL gehackte Petersilie

Zubereitung: Die Shrimps abbrausen und gut abtropfen lassen. Das Ei mit der Sahne verquirlen, gut würzen. Die Butter in der Pfanne erhitzen und die Eimasse darin unter Rühren stocken lassen. Danach auf die Knäckebrote geben und die Shrimps darauf verteilen. Mit der gehackten Petersilie bestreuen.

Chicoréesalat mit Ei

Zutaten: 1 Avocado, 1 TL Zitronensaft, 2 Chicorée, 3 EL Sahne, 1 EL Honig, einige Tropfen Apfelessig, Salz, 2 Scheiben Pumpernickel, 1 TL Butter

Zubereitung: Avocado schälen, in Scheiben schneiden, mit Zitronensaft beträufeln. Chicoréeblätter in Streifen schneiden und mit den Avocadoscheiben auf einem Teller anrichten. Aus Sahne, Honig, Apfelessig und Salz eine feine Sauce rühren und über den Salat gießen. Pumpernickel mit Butter bestreichen und dazu servieren.

Einfaches Rührei kann mit Shrimps raffiniert zubereitet werden. Würzen Sie kräftig mit Pfeffer, Paprika und Petersilie. Aber gehen Sie sparsam mit Salz um.

Tofuwürstchen mit Salat

Zutaten: 1 Ei, 100 g Saisonsalat, 2 EL Pflanzenöl, ein wenig Apfelessig, 2 Scheiben Vollkornbrot, 1 TL Butter, 2 Tofuwürstchen, 1 TL Diätmayonnaise

Zubereitung: Ei hart kochen und in Scheiben schneiden. Salat putzen, waschen, mit Öl und Essig anmachen und Eischeiben darauf legen. Vollkornbrote mit Butter bestreichen. Tofuwürstchen in Scheiben schneiden und auf die Brote legen. Mit Diätmayonnaise garnieren.

Fruchtkäse mit Vollkornknäckebrot

Zutaten: 1 Birne, 1 Nektarine, 1 Kiwi, 1 Banane, 1 EL Honig, 200 g Hüttenkäse, 4 Scheiben Vollkornknäckebrot, 1 TL Rosinen

Zubereitung: Birne, Nektarine, Kiwi und Banane klein schneiden. Zusammen mit dem Honig unter den Hüttenkäse mischen. Auf die Knäckebrotscheiben legen. Mit den Rosinen garnieren.

Schlank werden mit Langzeitwirkung

Lassen Sie Ihren Körper während der Drei-Tage-Apfelessigkur nicht im Stich. Jede Form aktiver körperlicher Aktivität kurbelt die Lipolyse (Fettfreisetzung) aus Ihren Speckpolstern zusätzlich an. Deshalb unterstützt Bewegung die Drei-Tage-Apfelessigkur in idealer Weise. Aber Bewegung ist nicht gleich Bewegung.

Nachfolgend finden Sie einige Tips, wie Sie Ihren Körper gesundheitlich richtig und effektiv in Form bringen. Betreiben Sie diese Übungen bitte nicht als Sport, sondern eher als entspannendes Vergnügen.

▶ Sportliche Höchstleistungen spielen dabei keine Rolle. Es geht vielmehr darum, viermal am Tag die jeweils persönliche Leistungsgrenze kurz zu berühren und dabei ins Schwitzen zu geraten.

▶ Ideales Beispiel: Sie suchen sich eine Treppe, bei untrainierten Menschen reichen schon zehn Stufen. Laufen Sie diese Treppe so schnell wie möglich hinauf und hinunter, bis Ihre Beinmuskeln nicht mehr mitmachen und Sie zu schwitzen beginnen. Das genügt bereits.

▶ Wenn Sie gerne Fahrrad fahren, dann sollten Sie damit zur Arbeit, in die Schule oder zu Ihrer Verabredung fahren. Oder machen Sie einen Radausflug am Wochenende. Auch hier gilt: Nicht Länge und Schwierigkeit der Strecke zählen, sondern allein die Tatsache, dass Sie Ihre individuelle Leistungsgrenze überhaupt berühren.

▶ Als Alternativen bieten sich auch Seilspringen, Kniebeugen, Liegestützen oder so genannte Sit-ups an.

▶ Bei den Sit-ups legen Sie sich auf den Rücken, wobei Sie die Beine am Boden aufstellen. Legen Sie die Hände hinter den Nacken, und gehen Sie mit dem Oberkörper abwechselnd nach oben und wieder zurück auf den Boden. Den Rücken dabei gerade halten! Wiederholen Sie die Übung sooft wie möglich.

▶ Bitte übertreiben Sie nicht! Das Fett aus dem Bauch- und Hüftspeck wird bei diesen Übungen ohnehin nicht direkt verbrannt. Was jedoch wichtig ist: Der aktive Muskelstress bringt die Stoffwechselrate in Schwung.

▶ Noch eine Stunde nach jeder einzelnen Übung saugen Stresshormone Triglyzeride aus den Fettpolstern. Man nennt diese Methode »genetisch stimuliertes Abspecken«. Man könnte auch sagen: Schlank werden mit Langzeitwirkung.

Um abzunehmen, müssen Sie keine sportlichen Höchstleistungen erbringen. Wichtig ist, dass Sie ins Schwitzen kommen und Ihre individuelle Leistungsgrenze berühren. Die Bewegung soll aber ein Vergnügen sein, keine Quälerei!

Frucht- und Gemüsesäfte sind eine geschmackliche Bereicherung für den Speiseplan und eine gesunde Quelle für Vitamine und Mineralstoffe.

Sieben-Tage-Apfelessigkur

Bei diesem Abspeckplan wird die Schlankheitskur zur Offensive gegen unnötige Pfunde, die sich in Bauchnabelhöhe angesiedelt haben und im Begriff sind, die Problemzone bis über das Knie endgültig zu erobern. Bei vielen Menschen konzentrieren sich bis zu 60 Prozent des Körpergewichts in diesem Bereich.

Schlank machende Doppelstrategie

Die Sieben-Tage-Apfelessigkur basiert auf dem Schlankheitsrezept der Natur, einer Doppelstrategie: entwässerndes Kalium und entfettendes Eiweiß. Wichtiges Gebot: Salz bleibt reduziert, fungiert nur als Jodträger und notwendiger Natriumlieferant. Maximum ist ein gestrichener Teelöffel jodiertes Speisesalz pro Tag. Als Getränke bieten sich an: Gemüse- und saure Fruchtsäfte, Mineralwasser, Diätlimonade, Kaffee, grüner und schwarzer Tee ohne Zucker und Sahne (Süßstoff ist erlaubt), Kräutertee, Milch, nicht mehr als ein halber Liter Bier oder ein viertel Liter trockener Wein pro Tag.

Ihrem Bauchspeck können Sie mit der einwöchigen Apfelessigkur zuleibe rücken. Nötig ist dazu ein Speiseplan mit viel entwässerndem Kalium und fettabbauenden Proteinen.

Das dürfen Sie essen

Zum Frühstück gibt es Vollkornbrot, Pumpernickel oder Vollkornknäckebrot. Vermeiden Sie Misch- und Weißbrot. Essen Sie grundsätzlich keine Vollkornbrötchen, denn sie enthalten oft einen ziemlich großen Anteil an Misch- oder Weißmehl. Etwa zehn Minuten vor dem Frühstück gibt es ein kleines Glas Wasser oder Mineralwasser mit einem Esslöffel Apfelessig. Ganz entscheidend ist ein deutlich erhöhter Anteil an Eiweiß gegenüber dem Frühstück, das Sie bislang immer zu sich genommen haben.

Das Frühstücksangebot

Das Frühstück können Sie selbst nach Ihrer eigenen Phantasie gestalten. Wählen Sie aus dem folgenden Angebot diejenigen Zutaten, auf die Sie am meisten Appetit haben:

- ▶ 1 Scheibe Vollkornbrot oder Pumpernickel, 4 Scheiben Vollkornknäckebrot
- ▶ 60 Gramm Fleisch, Fisch, Geflügel oder Tofu
- ▶ Alle naturbelassenen Gemüse wie Tomaten, Gurken, Radieschen, Rettich, Paprika oder Melonen
- ▶ Alle sauer schmeckenden Früchte wie Kiwis, Grapefruits, Orangen, Weintrauben, Beeren, Äpfel, Pflaumen, aber auch 1 Banane oder 1 frische Feige sowie Oliven
- ▶ 1 Ei (in allen möglichen Variationen, auch in etwas Butter, z. B. als Rührei, gebraten)
- ▶ Magerkäse, Quark, Joghurt (am besten Biojoghurt)

Ein guter Start in den Tag gelingt am besten mit einem Frühstück nach Ihrem Geschmack. Die Zutaten der nebenstehenden Vorschläge können Sie dabei nach Lust und Laune variieren.

Knäckebrot mit Schinken

Zutaten: 3 Scheiben Vollkornknäckebrot, 1 TL Butter, 1 TL Ketchup, 60 g magerer roher oder gekochter Schinken, 5 Radieschen, Salz, Pfeffer

Zubereitung: Die Knäckebrotscheiben mit Butter und Ketchup bestreichen. Den Schinken aufteilen und auf die Scheiben legen. Die Radieschen waschen, in Scheiben schneiden und auf dem Schinken verteilen. Mit Pfeffer und sehr wenig Salz bestreuen.

Abspecken nach Tabelle

Mit der Sieben-Tage-Apfelessigkur verlieren Sie an Gewicht:

	Wasser	Fett
▶ Bei 30 Kilogramm Übergewicht	1800 Gramm	1900 Gramm
▶ Bei 20 Kilogramm Übergewicht	1800 Gramm	1600 Gramm
▶ Bei 10 Kilogramm Übergewicht	1500 Gramm	1500 Gramm
▶ Bei 5 Kilogramm Übergewicht	1300 Gramm	1300 Gramm

Tofu mit Ei

Zutaten: 1 Ei, 1 Scheibe Vollkornbrot, 1 TL Butter, 1 TL Diätmayonnaise, 2 Tofuwürstchen, 1 TL gehackte Petersilie
Zubereitung: Das Ei hart kochen und in Scheiben schneiden. Das Vollkornbrot mit Butter und Diätmayonnaise bestreichen. Die Tofuwürstchen in dünne Scheiben schneiden, zusammen mit den Eierscheiben das Vollkornbrot damit belegen. Das belegte Brot mit gehackter Petersilie bestreuen.

Sahnequark mit Weintrauben

Zutaten: 1 Becher Magerquark, 1 TL Zitronensaft, 1 EL Sahne, 100 g rote oder grüne Weintrauben, 1 TL Sonnenblumenkerne, 3 Scheiben Vollkornknäckebrot
Zubereitung: Den Magerquark mit dem Zitronensaft und der Sahne verrühren. Die Weintrauben waschen, in Stücke schneiden und mit den Sonnenblumenkernen untermischen. Zusammen mit den Vollkornknäckebrotscheiben servieren.

Wer steht schon gern frühmorgens auf? Ein köstliches und liebevoll zubereitetes Frühstück mit Sahnequark und Früchten macht das Aufstehen leichter – und Morgenmuffel munter.

Kiwi mit Dickmilch

Zutaten: 1 Kiwi, 1 TL Rosinen, 1 TL Honig, 3 EL Haferflocken, 1 Tasse Dickmilch, 1 Scheibe Pumpernickel
Zubereitung: Die Kiwi klein schneiden, zusammen mit den Rosinen, dem Honig und den Haferflocken in der Dickmilch verrühren. Dazu die Scheibe Pumpernickel essen.

Roastbeef und Braten

Zutaten: 1 Scheibe Vollkornbrot, 1 TL Diätmayonnaise, 1 Essiggurke, 1 dünne Scheibe kalter Braten (30 g), 1 dünne Scheibe Roastbeef (30 g), eventuell Petersilie oder Dill
Zubereitung: Das Vollkornbrot in 2 Hälften schneiden und mit Diätmayonnaise bestreichen. Die Essiggurke in dünne Scheiben schneiden, jeweils auf die Mitte der beiden Fleischscheiben schichten. Die Fleischstücke möglichst eng aufrollen und dekorativ auf die Brotscheiben legen. Sie können das Ganze zusätzlich mit gehackter Petersilie oder frischem Dill bestreuen.

Zwischengerichte

Für die Zwischenmahlzeiten sind nun Kohlenhydrate gefragt, die der Stoffwechsel ebenfalls benötigt. Aber nur komplexe Kohlenhydrate sind von Nutzen – also diejenigen, die im Getreide vorhanden sind. Daher sollten Sie – nicht später als elf Uhr vormittags – ein Getreidemüsli zu sich nehmen, bestehend aus Dinkel, Hafer, Gerste, Roggen, Weizen, Buchweizen oder Hirse. Ideal ist es, das Getreide mit der Getreidemühle selbst zu schroten und über Nacht in Wasser einzuweichen. Dann kann es vorquellen und so vom Darm besser verwertet werden. Das Müsli vermischen Sie am nächsten Morgen mit frischem Obst, Joghurt oder Dickmilch.

Für Müsli sollten Sie Biogetreide im Reformhaus kaufen und kurz vor dem Gebrauch selbst mahlen. Getreide aus konventionellem Anbau müssen Sie besonders gründlich waschen. Hierbei könnten jedoch wichtige Inhaltsstoffe aus der Schale des Korns verloren gehen.

Das Mittagessen

Entscheidend für das Mittagsmenü ist die Kombination von Gemüse und kleinen Fisch-, Fleisch- oder Geflügelportionen (jeweils nicht mehr als 60 Gramm). Für Vegetarier bieten sich Soja- oder Tofuprodukte (100 Gramm) an. Das Gemüse wird nur kurz in etwas Wasser gegart. Die lebenswichtigen Kohlenhydrate erhält der Organismus durch Biokartoffeln mit Schale, Naturreis oder Vollkornnudeln. Vor- und Nachspeisen sollten Sie ganz meiden.

Zu trinken gibt es einen Viertelliter Wasser oder Mineralwasser mit einem Esslöffel Apfelessig. Die eine Hälfte des Drinks wird vor, die andere Hälfte während des Essens eingenommen.

Kalbsschnitzel à la Romana

Zutaten: 100 g Vollkornnudeln, 60 g Kalbschnitzel (sehr dünn geschnitten), 20 g magerer gekochter Schinken, 2 Salbeiblätter, 1 EL Pflanzenöl, Salz, Pfeffer, Ketchup

Zubereitung: Die Vollkornnudeln in Salzwasser bissfest kochen. Die Kalbsschnitzel salzen und pfeffern. Den Schinken in Streifen schneiden und mit den Salbeiblättern auf die Schnitzel legen. Zusammenlegen und in heißem Öl beidseitig braten. Mit den Vollkornnudeln auf einem Teller anrichten und mit etwas Ketchup garnieren.

Spaghetti sind bei Groß und Klein beliebt. Auch während Ihrer Diät müssen Sie nicht darauf verzichten. Allerdings sind nur Vollkornspaghetti erlaubt.

Knoblauchgarnelen mit Reis

Zutaten: 4 EL Naturreis, 1 Bund Petersilie, 2 Knoblauchzehen, 60 g Garnelenschwänze, 1 EL Butter, Salz, Pfeffer, 1 TL Zitronensaft
Zubereitung: Naturreis körnig kochen. Petersilie klein hacken. Knoblauchzehen zerdrücken und mit den Garnelenschwänzen vermengen. 10 Minuten durchziehen lassen. Butter erhitzen. Garnelenschwänze mit Knoblauch 4 Minuten anbraten. Mit Salz und Pfeffer würzen, Zitronensaft darüber träufeln. Zusammen mit dem Naturreis anrichten.

Biokartoffeln mit Leber

Zutaten: 3 Biokartoffeln, 1 kleine Scheibe Kalbsleber, 1 EL Milch, 1 Zwiebel, 1 EL Petersilie, 1 EL Bohnenkraut, 1 EL Butter, Salz
Zubereitung: Kartoffeln kochen. Leber waschen und in Milch ziehen lassen. Zwiebel, Petersilie und Bohnenkraut klein hacken. Leber abtrocknen und in der Kräutermischung wälzen. Butter erhitzen, Leber beidseitig kurz anbraten. Leicht salzen, mit den Kartoffeln servieren.

Vollkornspaghetti mit Tomatensauce

Zutaten: 250 g Vollkornspaghetti, 750 g Tomaten, 30 g Butter, Salz, Pfeffer, 1 Bund Basilikum, 50 g geriebener Parmesan
Zubereitung: Spaghetti in Salzwasser bissfest kochen. Tomaten überbrühen, enthäuten, schneiden. Einen Teil der Butter im Topf erhitzen, Tomaten dazugeben und unter Rühren köcheln lassen. Mit Salz, Pfeffer und Basilikum abschmecken. Spaghetti mit der restlichen Butter und der Tomatensauce mischen. Parmesankäse darüber streuen.

Spinat mit Kartoffeln und Eiern

Zutaten: 4 Kartoffeln, 3 Eier, 300 g Blattspinat, 1 Knoblauchzehe, 1 TL Butter, Salz, Pfeffer, Muskat
Zubereitung: Kartoffeln gar kochen. Eier wachsweich kochen. Spinat waschen, abtropfen lassen und im Topf kochen, bis er zusammengefallen ist. Danach Spinat klein hacken. Die Knoblauchzehe zerdrücken und mit der Butter im Topf dünsten. Den Spinat hinzugeben, mit etwas Salz, Pfeffer und Muskat würzen. Die Kartoffeln pellen und zusammen mit den Eiern und dem Spinat anrichten.

Es müssen nicht immer Spaghetti sein. Mit anderen Vollkornnudeln lässt sich der Rezeptvorschlag auch optisch variieren.

Nachmittags

Verliert man an Fett, so führt dies meist zu erheblichen Protesten vonseiten der empörten Speckdepots. Diese sind es gewohnt, dass für stetigen Nachschub an Triglyzeriden gesorgt wird. In der Folge tritt häufig ein enormer Heißhunger auf, dem man nur mit größter Mühe widerstehen kann.

Verantwortlich für diese riesengroße Lust auf einen Pausensnack ist ein Netzwerk hormoneller Signalstoffe, die die Fäden zwischen Darm, Leber, Gehirn und Fettzellen knüpfen.

Heißhunger stellt sich meist am Nachmittag an – zu einem Zeitpunkt, wo man früher das gewohnte Stück Linzer Torte oder Erdbeerkuchen mit Sahne verzehrte. Bei einer solchen Attacke während der Sieben-Tage-Apfelessigkur sollten Sie einen kleinen Snack aus folgenden Lebensmitteln wählen:

- Joghurt oder Magerquark
- Obst
- 1 Esslöffel Nüsse, Samen, Kerne, Sojaknabberei, Studentenfutter
- Knäckebrot

Kaffee und Kuchen am Nachmittag sollten eine Ausnahme für Festtage sein, nicht aber die tägliche Regel. Den kleinen Hunger zwischendurch stillen Sie besser mit Joghurt, Obst oder auch Nüssen.

Das Abendessen

Schmackhafte Salatplatten und üppige Rohkostschüsseln beherrschen die letzte Hauptmahlzeit des Tages. Machen Sie aus dem Abendessen ein schönes und freudiges Ereignis: Decken Sie den Tisch liebevoll, gebrauchen Sie Ihr »gutes« Geschirr, gönnen Sie sich Ruhe und Entspannung – Sie haben es sich verdient.
Die Salatsauce bereiten Sie aus Apfelessig und wertvollem Pflanzenöl mit vielen ungesättigten Fettsäuren, z. B. Olivenöl, zu.
Neben dem Salat gibt es von Thunfisch bis zu Räucherzunge, von hart gekochten Eiern bis zu geräuchertem Tofu alles, was den Appetit auf grünes, gelbes und rotes Gemüse steigert.
Als kleine Belohnung für einen disziplinierten Apfelessigkurtag gönnen Sie sich jetzt außerdem ein paar Scheibchen Baguette.

Zwei warme Mahlzeiten am Tag sind übertrieben: Abends reichen ein großer Salatteller oder eine Rohkostplatte völlig aus. An einem schön hergerichteten Tisch schmeckt es außerdem gleich noch einmal so gut.

Bunter Rohkostteller

Zutaten: 1 Karotte, 1 kleine Fenchelknolle, 5 Oliven, 1 Portion Feldsalat, 1 Tomate, 1 EL Pflanzenöl, 1 TL Zitronensaft, 1 TL Apfelessig, 1 EL gehackte Petersilie, Salz, 60 g Lachs, 5 Scheiben Baguette
Zubereitung: Gemüse und Feldsalat waschen, putzen und klein schneiden. Tomate mit heißem Wasser überbrühen, enthäuten und klein schneiden. Alles zusammen auf einer großen Platte hübsch anrichten. Aus Öl, Zitronensaft, Apfelessig und Petersilie sowie etwas Salz eine Sauce mischen und darüber gießen. Den Lachs in Streifen schneiden. Zusammen mit den Baguettescheiben servieren.

Feldsalat mit Krabben und Ei

Zutaten: 50 g Krabben, 1 Ei, 100 g Feldsalat, 1 EL Apfelessig, 2 EL Sonnenblumenöl, Salz, Pfeffer, 1 EL Sonnenblumenkerne, 1 Scheibe Pumpernickel
Zubereitung: Die Krabben überbrausen und gut abtropfen lassen. Das Ei hart kochen und in Scheiben schneiden. Den Feldsalat waschen und mit Eierscheiben und Krabben garnieren. Aus Apfelessig, Öl, etwas Salz und Pfeffer eine Sauce rühren und darüber gießen. Mit den Sonnenblumenkernen bestreuen. Dazu gibt es Pumpernickel.

Avocado mit Chicorée und Schinken

Zutaten: 1 Chicorée, 1 Avocado, 1 TL Zitronensaft, 2 EL Apfelessig, Salz, Pfeffer, 1 EL Pflanzenöl, 40 g Parmaschinken, 3 Scheiben Vollkornknäckebrot, 1 TL Butter

Zubereitung: Chicorée klein schneiden, Avocado in kleine Stücke schneiden und mit Zitronensaft beträufeln, danach unter den Chicorée mischen. Apfelessig mit Salz, Pfeffer und Pflanzenöl zu einer Sauce verrühren, über den Chicorée-Avocado-Salat gießen. Das Ganze etwas durchziehen lassen. Den Parmaschinken zusammenrollen und in Scheiben schneiden. Das Vollkornknäckebrot mit Butter bestreichen und alles zusammen servieren.

Tofu ist nicht allein Fleischersatz für Vegetarier. Probieren Sie doch einmal eine gemischte Salatplatte mit diesem gesunden Sojaprodukt.

Eiersalat

Zutaten: 1 Salatgurke, 1 Portion Eisbergsalat, 1 Tomate, 2 Eier, 4 EL Joghurt, 1 EL saure Sahne, 1 TL Zitronensaft, 1 EL Apfelessig, 1 TL Honig, Salz, 1 Scheibe Pumpernickel

Zubereitung: Gurke gründlich waschen, halbieren, Kerne herausschaben, in Streifen schneiden. Eisbergsalat waschen, putzen und zerkleinern. Tomate mit heißem Wasser überbrühen, enthäuten, in kleine Würfel schneiden. Eier hart kochen, in Scheiben schneiden. Alles zusammen in einer Glasschüssel vermischen. Aus den restlichen Zutaten eine Salatsauce rühren, abschmecken und darüber geben. Zum fertigen Salat gibt es Pumpernickel als Beilage.

Tofuschmaus

Zutaten: 125 g Räuchertofu, 1 Scheibe kalter Braten, 30 g Schafskäse, 1 Tomate, 5 schwarze Oliven, 1 EL Apfelessig, 1 EL Pflanzenöl, 1 TL Zitronensaft, Salz, Pfeffer, 1 großes Salatblatt, 3 Scheiben Vollkornknäckebrot

Zubereitung: Den Tofu, den kalten Braten, den Schafskäse und die Tomate in Stücke schneiden und das Ganze mit den Oliven vermengen. Aus dem Apfelessig, dem Öl, dem Zitronensaft, etwas Salz und Pfeffer eine Sauce mischen und darüber geben. Etwas ziehen lassen, ohne die Sauce unterzuheben. Danach alles vermengen und über das Salatblatt geben. Zusammen mit dem Vollkornknäckebrot anrichten.

Bewegung und Meditation

Trainieren Sie sich fit und schlank

Eine halbe Stunde Entspannung am Tag ist gut für Ihre Nerven und steigert zusätzlich noch die Magen- und Darmtätigkeit. Aus dem Magen-Darm-Trakt gelangen während der Ruhephasen verstärkt schlank machende Biostoffe ins Blut.

Die Sieben-Tage-Apfelessigkur können Sie durch ein kleines Fitnessprogramm unterstützen:

- Schwitzen Sie zweimal am Tag bei einem Drei-Minuten-Programm. Rudern Sie in Rückenlage mit abgehobenen Beinen, machen Sie Sit-ups, Liegestützen, Kniebeugen, Stretchingübungen, leichtes Hanteltraining, Seilhüpfen usw. Die Pausen sollten jeweils nicht länger als zehn Sekunden dauern. Hören Sie dazu Ihren Lieblingssong. Halten Sie, wenn möglich, bis zum Ende des Songs durch.
- Auch andere Fitnessprogramme sind möglich: Jazzdance, Aerobic, Treppensteigen, mit wechselnder Schrittfolge auf einen ca. 30 Zentimeter hohen Gegenstand hüpfen (z. B. einen Hocker, Bettkante), Klimmzüge an der Türkante usw.
- Gut sind pro Tag 20 Minuten intensives Walking, Jogging oder Radfahren in hellem Sonnen- oder Tageslicht oder rasches Gehen in schwach ansteigendem Gelände, bis die Muskeln leicht schmerzen.
- Ideal: Diese Übungen bei kalter Witterung oder Regen durchführen, auch wenn Sie nass werden. Zu Hause unter die Dusche stellen und dann trockenreiben. Dies aktiviert die Schlankheitsgene.

Meditative Ruhe

Unmittelbar nach einer Hauptmahlzeit (mittags oder noch besser abends) sollten Sie ein kleines Glas Wasser mit einem Esslöffel Apfelessig trinken. Dann gehen Sie ganz allein in die freie Natur oder in einen Park und meditieren eine halbe Stunde lang:

- Lauschen Sie dem Vogelgezwitscher.
- Beobachten Sie die Bewegung der Wolken am Himmel.
- Sehen Sie zu, wie sich die Baumwipfel im Wind wiegen.
- Lauschen Sie dem Murmeln eines Bachs.
- Blicken Sie auf eine Wiese.
- Hören Sie dem Zirpen der Grillen zu.

So reagiert der Körper

Wenn Sie meditieren, dann lösen Sie damit eine Fülle von gesunden Körperreaktionen aus:

▶ Die übermäßig anregenden Sympathikusreize im vegetativen Nervensystem lassen nach. Die Herzfrequenz wird erniedrigt. Die Blutgefäße erweitern sich. Die Magen- und Darmtätigkeit wird angeregt. Die Produktion des Stresshormons Adrenalin in den Nebennieren wird gedrosselt, die Schilddrüsensekretion gehemmt.

▶ Die Produktion von Insulin aus der Bauchspeicheldrüse wird angeregt. Unter dem Einfluss des Hormons Insulin werden große Mengen von Energiestoffen (Eiweiß, Glukose) ins Muskel- und Bindegewebe eingeschleust.

▶ Der Stoffwechsel füttert jetzt alle rund 70 Billionen Körperzellen mit kostbaren Nähr- und Vitalstoffen.

▶ Das Nervensystem wird beruhigt.

▶ Erst nach etwa 30 Minuten Meditation ist der Strom schlank machender Biostoffe aus dem Darm ins Blut und zu den Fettzellen richtig in Gang gekommen. Deshalb sollten Sie Meditationen nicht vorher abbrechen. In dieser Phase wirkt der so genannte Parasympathikus im Nervensystem: Sie fühlen sich entspannt, erfrischt, beruhigt – und mit neuer Lebensenergie aufgeladen.

Meiden Sie gefährliche Kombinationen dick machender Lebensmittel wie Süßes, Fettes und Weißmehlprodukte, z. B. in Fett ausgebackene Pfannkuchen, Kaiserschmarrn mit Marmelade, Misch- oder Weißbrot mit Butter, Honig oder Konfitüre, Tiramisù, Kuchen mit Sahne, Colagetränke zu Salamibrot, Hamburger oder Pizza.

Lipogenetische Lebensmittel

Lipogenetische (fetteinbauende) Lebensmittel stören den natürlichen Schlankheitsprozess erheblich:

▶ Zucker, Süßigkeiten, süße Getränke und sogar süße Fruchtsäfte

▶ Wurst, fettes Fleisch

▶ Fette Saucen, Dressings, Dips, Mayonnaise

▶ Kuchen, Torten, süßes Gebäck

▶ Pommes frites, polierter Reis

▶ Knabbergebäck, Salzstangen, gesalzene Nüsse

▶ Helle Mehlprodukte wie Teigwaren oder Weißbrot

▶ Cremespeisen, Puddings, süße Desserts, Speiseeis

Ein Kalender hilft, während der Apfelessigkur den Überblick über das aktuelle Gewicht und den täglichen Speiseplan zu behalten.

Vier-Wochen-Apfelessigkur

Lipolyse – Fettfreisetzung

Jetzt folgt die große Offensive gegen die Speckpolster, denn nun entfällt die Möglichkeit, die verlorenen Pfunde wieder anzusetzen. Die Formel für dieses Dauerprogramm lautet: Apfelessig plus lipolytische Substanzen. Lipolytisch bedeutet fettfreisetzend. Der Körper beauftragt bestimmte Moleküle oder Biostoffe, den Mechanismus von Lipogenese (Fetteinbau) und Lipolyse (Fettfreisetzung) in den Speckdepots zu steuern.

Schlank machende Nahrungsmittel

Wenn Sie sich von Ihren überflüssigen Pfunden verabschieden wollen, finden Sie hier die sanfte und wirksame Lösung: Bei der vierwöchigen Kur werden neben Apfelessig vor allem fettfreisetzende (lipolytische) Nahrungsmittel eingesetzt.

Der Speiseplan der Vier-Wochen-Apfelessigkur baut fast ausschließlich auf Lebensmittel auf, die besonders reich an lipolytischen Substanzen sind. Dies sind zum großen Teil auch diejenigen Nahrungsmittel, mit denen sich die Tiere in freier Natur schlank und fit halten. Auf Ihrem Einkaufszettel sollten während der Diät stehen:

▶ Austern, Avocados, Bananen, Beeren (rote und blaue), Borretschöl, Buchweizen, Eier, Feigen, Fisch, Geflügel, Gemüse (besonders grünes, rotes und gelbes), grünes Blattgemüse, Herz, Hülsenfrüchte, Kaltwasserfisch, Kartoffel- und Gemüseschalen, Kerne, Krabben, Leber, mageres Fleisch, Magerkäse, Meeresfrüchte, Meersalz bzw. jodiertes Speisesalz, Milch, Nachtkerzenöl, Naturreis, Nieren, Nüsse, Obst, Paprika, Pilze, Rüben, Samen, Sojaprodukte, Tofuprodukte, Vollkornprodukte.

▶ Das hochwertige Eiweiß in diesen Lebensmitteln löst sich unter dem Einfluss von etwas Apfelessig bzw. auch von Saucen, Dressings, Dips, Marinaden, Mayonnaise usw., die mit Essig angesäuert sind.

Diäthelfer Sonne, Jod und Kälte

Sonne bzw. helles Tageslicht ist ein bedeutender genetischer Faktor und ein wichtiger Bestandteil dieser Kur. Nur etwa acht Minuten brauchen die Photonen (Lichtteilchen) für ihren weiten Weg von der Sonne bis zur Erde.

Mit Lichtgeschwindigkeit durcheilen die Photonen den Weltraum und treffen auf die menschliche Haut. Hier lösen sie einen wichtigen Prozess im Körper aus. In den Hautzellen bildet sich mit Hilfe von Cholesterin nämlich das Vitamin D.

Ein Sonnenbad – in vernünftigen Maßen genossen – ist sehr gesund: Zusammen mit Cholesterin bilden Sonnenstrahlen im menschlichen Körper Vitamin D, einen wichtigen Stimulator der Schlankheitsgene.

Schlank durch Sonnenlicht

Diese »Sendboten der Sonne« schwärmen als Billiarden Moleküle des Vitamins D durch das Blut aller Körperzellen – und zwar bereits nach einem zweiminütigen Spaziergang in der hellen Mittagssonne. Ohne Sonneneinstrahlung kann also kein Vitamin D im menschlichen Organismus hergestellt werden. In den rund 70 Billionen Zellen dringt das Vitamin D in die Zellkerne vor und stimuliert Vital- und Schlankheitsgene. Die Sonne ist somit ein ganz bedeutender Schlankmacher der Natur. Aber Vorsicht: Zu viele goldene Strahlen können die Vitamin-D-Produktion verringern.

Lipolytische Substanzen

Zu den wichtigsten lipolytischen Substanzen zählen:

- Vitamine B5, B6, B12, C
- Bioflavonoide und andere Pflanzenstoffe
- Cholin
- Omega-3- und Omega-6-Fettsäuren
- Magnesium, Chrom, Jod, Eisen
- Die Eiweißbausteine (Aminosäuren) Methionin, Lysin und Tyrosin
- Hinzu kommen als fettschmelzende Faktoren: Kälte, Sonne und Bewegung
- Apfelessig gibt den »Startschuss« zum Abnehmen

Schlank durch Jod

Das Spurenelement Jod (z. B. in jodiertem Speisesalz) wird von der Schilddrüse für die Herstellung des Hormons Thyroxin benötigt – ebenfalls ein wichtiger Schlankmacher. Thyroxin hat – als eines von nur sehr wenigen Molekülen – auch den kleinen Schlüssel zu den Zellkerngenen, um dort Vital- und Schlankheitsprozesse auszulösen. Ausreichend Jod bedeutet viele Schilddrüsenhormone – und damit eine konstant erhöhte Stoffwechselrate. Diese Hormone verscheuchen Müdigkeit, halten fit und entfernen das überschüssige Fett aus den Problemzonen Bauch- und Hüftregion.

Schnupfennasen sollten sich bei kaltem Wetter warm anziehen. Zum Abnehmen ist ein bisschen Frieren aber ideal. Laufen Sie sich doch einfach warm.

Schlank durch Kälte

Beim Spazierengehen oder vor Beginn einer körperlichen Aktivität sollten Sie sich nicht zu warm anziehen. Ein idealer Ablauf wäre: Frieren, wenn Sie aus dem Haus gehen, und sich gegen die Kälte warmlaufen oder -gehen. Die Regel lautet: Nicht durch Schwitzen nehmen Sie ab, sondern durch Frieren!

- Meiden Sie nicht das schlechte Wetter, sondern suchen Sie es, denn Kälte weckt fettzehrende Stresshormone.
- Decken Sie sich im Bett nicht allzu warm zu, sondern gerade so, dass Sie weder schwitzen noch frieren.
- Kühle oder kalte Getränke (z. B. Milch, Kräutertee) unterstützen Schlankheitsprozesse eher als warme oder heiße Getränke.

Abspecken nach Tabelle

Mit der Vier-Wochen-Apfelessigkur verlieren Sie an Gewicht:

	Wasser	Fett
▶ Bei 30 Kilogramm Übergewicht	2000 Gramm	4300 Gramm
▶ Bei 20 Kilogramm Übergewicht	2000 Gramm	2900 Gramm
▶ Bei 10 Kilogramm Übergewicht	1800 Gramm	2700 Gramm
▶ Bei 5 Kilogramm Übergewicht	1500 Gramm	1900 Gramm

Das dürfen Sie essen

- Beginnen Sie Ihr Frühstück mit einem kleinen Glas ungesüßten Wasser, dem ein Teelöffel Apfelessig beigegeben wird.
- Da es bei dieser Kur abends ab 18 Uhr vorwiegend eiweißreiche Kost gibt, knurrt morgens der Magen – Gehirn und Nerven verlangen nach Glukose. Die ist in Vollkornbrot, Pumpernickel, Vollkorntoast und Knäckebrot reichlich vorhanden.
- Zum Brot oder Butterbrot gibt es bis zu 60 Gramm Schinken, kalten Braten, Roastbeef, Räucherzunge, Hähnchenfleisch (unbedingt ohne Haut), geräucherte Fischfilets, Thunfisch, Lachs, Quark und Magerkäse sowie bis zu 100 Gramm Räuchertofu, Tofuwürstchen oder ein anderes Tofuprodukt (aus dem Bioladen).
- Gönnen Sie sich alle zwei Tage auch mal ein Ei.
- Um Bauchfett zu verbrennen, sind Mineralien, hochwertige Fettsäuren und Vitamine vonnöten. Diese wichtigen Bestandteile sind in Obst, vor allem in Bananen, in Avocados bzw. in Gemüsen wie Radieschen, Rettich, Gurken, Tomaten oder Melonen enthalten.

Ein köstliches Frühstück für Erdbeerfans: Hüttenkäse mit frischen Erdbeeren, Sahne und Zitronensaft. Das Frühstück schmeckt aber auch mit anderen Früchten der Saison.

Das Frühstück

Frischkäse mit Obst

Zutaten: 100 g Erdbeeren, 1 TL Zitronensaft, 1 Becher Hüttenkäse, 1 EL Sahne, 1 EL Sonnenblumenkerne, 1 Scheibe Pumpernickel
Zubereitung: Erdbeeren waschen, in Stücke schneiden. Zitronensaft darüber geben und wenige Minuten ziehen lassen. Hüttenkäse mit der Sahne vermengen und mit den Erdbeerstückchen mischen. Sonnenblumenkerne darüber streuen. Mit Pumpernickel essen.

Bratenfrühstück

Zutaten: 1 Scheibe Vollkornbrot, 1 TL Butter, 60 g kalter Braten, 1 TL Diätmayonnaise, 1 Tomate
Zubereitung: Das Vollkornbrot mit Butter bestreichen. Den kalten Braten darauf legen und mit der Diätmayonnaise garnieren. Die Tomate waschen, in Scheiben schneiden und auf das Brot legen.

Roastbeef mit Ei

Zutaten: 1 Scheibe Roastbeef, 1 Ei, 3 Scheiben Knäckebrot, 1 TL Butter, 1 kleine Essiggurke, 1 TL Diätmayonnaise, eventuell frische Kräuter (z. B. Schnittlauch, Petersilie)
Zubereitung: Roastbeef in Streifen schneiden. Ei hart kochen und in Scheiben schneiden. Knäckebrot mit Butter bestreichen und mit dem Ei und den Roastbeefstreifen belegen. Essiggurke in kleine Würfel schneiden und auf die Brote verteilen. Mit Diätmayonnaise und je nach Geschmack mit frischen Kräutern garnieren.

Avocados enthalten überdurchschnittlich viel Kalium. Deshalb sorgen sie für Schönheit von innen.

Avocado mit Vollkornbrot

Zutaten: 1/2 Avocado, 1 TL Zitronensaft, Salz, Pfeffer, 1 Vollkornbrotscheibe
Zubereitung: Die Avocado aufschneiden, in 2 Hälften trennen und den Kern herausnehmen. Die eine Hälfte abtrennen und das Fruchtfleisch mit einem Löffel aus der Schale herauslösen. Dann das Fruchtfleisch mit der Gabel zerquetschen. Mit dem Zitronensaft beträufeln, salzen, pfeffern, kurz durchziehen lassen. Die Vollkornbrotscheibe mit dem Avocadomus bestreichen. Das belegte Brot mit Salz und Pfeffer würzen.

Müsli oder frisches Obst stillen den kleinen Hunger oder die Lust auf Süßes gesund und ohne Reue.

Hirtenfrühstück

Zutaten: 1 Tomate, 1 Ei, 5 Gurkenscheiben, 60 g Schafskäse, 5 Oliven, Pfeffer, Paprika, 1 Scheibe Vollkornbrot
Zubereitung: Die Tomate waschen und in Scheiben schneiden. Das Ei hart kochen und in Scheiben schneiden. Zusammen mit den Gurkenscheiben, dem Schafskäse, den Oliven und den Gewürzen auf der Scheibe Vollkornbrot anrichten.

Zwischengerichte

Vormittags

Als gesundes und schlank machendes Zwischengericht am Vormittag empfiehlt sich ein Müsli:

▶ Hierzu vermengen Sie 1/2 Tasse selbst geschrotetes Getreide (wahlweise Hafer, Gerste, Roggen, Weizen, Dinkel, Buchweizen oder Hirse) mit Sahne, klein geschnittenen Früchten, Nüssen, Samen und Kernen nach Belieben.

▶ Sie können je nach Geschmack noch einige Rosinen, etwas Honig oder Melassesirup (Reformhaus oder Bioladen) hinzufügen. Sie sollten das Müsli jedoch nicht zu stark süßen.

Getreide sollten Sie nach Möglichkeit immer erst kurz vor Gebrauch mahlen. Durch Luft und Licht gehen bei längerer Lagerung wertvolle Biostoffe verloren. Über Nacht in Wasser eingeweichtes Getreide kann wesentlich leichter und besser verdaut werden.

Nachmittags

Jetzt empfehlen sich essigsaure Eiweißsnacks. Dabei stehen Ihnen viele Kombinationen zur Auswahl:

▶ In Essig eingelegte Pilze
▶ Marinierte Vorspeisen aus dem Delikatessenladen
▶ 1 Scheibe kalter Braten, Roastbeef, magerer Schinken, Räucherzunge oder Putenfleisch mit Mixed Pickles
▶ Tofuwürstchen mit Senf
▶ Eiersalat oder ein Schälchen dünn geschnittene Champignons in Apfelessigdressing
▶ Knäckebrot mit Butter
▶ Tomatenscheiben und Diätmayonnaise
▶ In Öl und Essig eingelegter Schafskäse
▶ Essiggurke mit Matjesfilet oder Salzhering

Frischer Salz- und Süßwasserfisch bzw. Meeresfrüchte versorgen den Körper mit hochwertigem Eiweiß und entlasten den Darm. Sie sollten etwa zweimal wöchentlich auf dem Speiseplan stehen.

Das Mittagessen

Vor dem Mittagessen gibt es ein Gläschen Wasser mit Apfelessig, nach Abschluss der Mahlzeit ein zweites Gläschen. Nehmen Sie mittags keine weiteren Getränke mehr zu sich. Der säuerliche pH-Wert des Magensafts sollte nicht durch zu viel Flüssigkeit »verwässert« werden. Die Hitliste idealer (lipolytischer) Lebensmittel umfasst:

- Fisch
- Grünes Blattgemüse
- Naturreis
- Pilze
- Obst
- Magerkäse

Grünes Gemüse einmal raffinierter: In Weißwein gedünstet und mit gerösteten Mandelblättchen garniert ist Brokkoli eine besonders wohlschmeckende Beilage zu Naturreis.

Forelle mit Kartoffeln

Zutaten: 4 Biokartoffeln, 1 kleine Forelle, Salz, 1 EL Zitronensaft, 1 Bund Petersilie, 1 EL Weißwein, 1 EL saure Sahne

Zubereitung: Kartoffeln samt Schale gar kochen. Forelle waschen, innen und außen salzen und mit Zitronensaft beträufeln. Mit Petersilie füllen und auf ein Stück Alufolie legen. Mit Weißwein übergießen, Folie schließen. Im Backofen bei 200 °C ca. 40 Minuten backen. Danach mit dem Saft in der Alufolie zusammen mit den Kartoffeln anrichten. Saure Sahne über die Kartoffeln geben und diese mit der Schale essen.

Naturreis mit Brokkoli

Zutaten: 4 EL Naturreis, 300 g Brokkoli, Pfeffer, Salz, 1 EL Weißwein, 2 EL Butter, 1 EL gehackte Mandeln, 1 EL Mandelblättchen
Zubereitung: Den Naturreis in Salzwasser körnig kochen. Brokkoli waschen, Röschen abtrennen und die Stiele in Streifen schneiden. Alles zusammen in Salzwasser dünsten. Pfeffer und etwas Salz darüber streuen. Mit Wein ablöschen und im zugedeckten Topf etwa 20 Minuten dünsten lassen. Butter zerlassen und die Mandeln darin anrösten. Über den Brokkoli verteilen und diesen zusammen mit dem Naturreis anrichten. Mit Mandelblättchen garnieren.

Das gesunde Grünkerngetreide kommt nun langsam wieder in Mode. Versuchen Sie einmal mit Parmesan überbackene Grünkernklöße mit Lauch. Vielleicht kommen auch Sie auf den Geschmack.

Lauch mit Grünkern

Zutaten: 1 l Gemüsebrühe, 50 g Butter, 80 g gemahlener Grünkern, 2 Eier, 2 TL Streuwürze, Salz, Muskat, 50 g Lauch, 1/2 Becher Sahne, 40 g geriebener Parmesan
Zubereitung: Die Gemüsebrühe erhitzen. Butter verrühren, dann mit Grünkern und Eiern mit einer Gabel vermengen und mit den Gewürzen pikant abschmecken. Etwa 1/2 Stunde lang quellen lassen. Anschließend kleine Klöße aus dem Teig abstechen und in die köchelnde Gemüsebrühe einlegen. Nach dem Aufschwimmen ca. 15 Minuten ziehen lassen. Danach gut abtropfen lassen und in eine gebutterte Auflaufform legen. Den Lauch putzen und in Ringe schneiden, mit der Sahne vermischen und über die Grünkernnocken gießen. Parmesan darüber streuen. Das Ganze im Backofen bei 200 °C ca. 15 Minuten überbacken.

Pikanter Fischtopf

Zutaten: 4 EL Naturreis, 60 g Fischfilet, 1 TL Zitronensaft, 1/2 grüne Paprikaschote, 1 Tomate, 1 TL Butter, 1/2 Tasse Gemüsebrühe, 1 TL Tomatenmark, Thymian, Salz, Pfeffer, 1 EL saure Sahne

Zubereitung: Den Naturreis in Salzwasser kochen. Fischfilet klein schneiden und mit Zitronensaft beträufeln. Etwas ziehen lassen. Paprika in Streifen schneiden. Tomate überbrühen, enthäuten und in Stücke schneiden. Butter erhitzen, die Fischstücke darin kurz anbraten, salzen und mit dem Gemüse dünsten. Gemüsebrühe mit Tomatenmark verrühren und darüber geben. Mit Thymian, Salz und Pfeffer würzen, zugedeckt 10 Minuten dünsten. Saure Sahne zugeben und mit dem Naturreis anrichten.

Zum Abendessen bieten sich kohlenhydratarme und eiweißreiche Salate an. Je nach Geschmack können Sie hier zwischen vegetarischen und fleischhaltigen Rezeptvorschlägen wählen.

Blattspinat mit Kalbsleber

Zutaten: 250 g Blattspinat, Muskat, Salz, Pfeffer, 1 EL Hartkäsebrösel, 1 Zwiebel, 1 TL Butter, 60 g Kalbsleber, 4 Scheiben Baguette
Zubereitung: Den Spinat waschen und dünsten, bis er zerfällt. Danach abtropfen und grob zerkleinern. Mit Muskat, Salz und Pfeffer würzen. Den Käse darüber streuen. Die Zwiebel in Ringe schneiden, in der Butter goldgelb braten. Die Kalbsleber beidseitig kurz anbraten, mit Salz und Pfeffer würzen und mit den Zwiebelringen und dem Spinat anrichten. Mit Baguette servieren.

Das Abendessen

Abends gibt es wenig Kohlenhydrate, dafür mehr Eiweiß zu essen. Denn die Regel lautet: Kohlenhydrate machen dick, Eiweiß eher schlank. Also gibt es nur sehr wenig Brot – ein paar Scheiben Baguette, zwei Scheiben Vollkorntoast oder etwas Knäckebrot.
Zur Mahlzeit können Sie ein Glas Wasser oder Mineralwasser mit einem halben Esslöffel Apfelessig trinken.
Auf dem Speiseplan für das Abendessen stehen außerdem:

- Fisch, Krabben
- Mageres Fleisch, Geflügel (ohne Haut)
- Tofuprodukte
- Magerkäse
- Rohkost
- Salat
- Kurz gegartes Gemüse

Paprikasalat mit Tofuwürstchen

Zutaten: 1 rote, 1 grüne Paprikaschote, 1 Zwiebel, 1 kleine Essiggurke, 2 Tofuwürstchen, 1 TL Senf, 1 EL Apfelessig, 1 EL Pflanzenöl, 1 TL Zitronensaft, Salz, Pfeffer, 2 Scheiben Knäckebrot

Zubereitung: Paprika vierteln, waschen, Trennwände und Kerne herauslösen, in dünne Streifen schneiden. Zwiebel schälen und in Ringe schneiden. Essiggurke fein hacken. Tofuwürstchen in feine Scheiben schneiden. Alles in einer Schüssel zusammenmischen. Senf, Apfelessig, Pflanzenöl, Zitronensaft, Salz und Pfeffer zu einer Sauce verrühren und über den Salat geben. Zusammen mit dem Knäckebrot essen.

Probieren Sie zu Rohkost einmal eine Vinaigrette aus 2 hart gekochten Eiern, 3 Esslöffel Pflanzenöl, 2 Esslöffel Apfelessig, Pfeffer, Salz, einer fein gewürfelten Zwiebel und frischen Kräutern. Die Eier mit einer Gabel fein zerdrücken und mit den übrigen Zutaten zu einer Sauce verrühren – fertig! Die Vinaigrette passt auch gut zu Blattsalaten, Bohnen und Artischocken.

Feldsalat mit Räucherzunge

Zutaten: 60 g geräucherte Zunge, 70 g Feldsalat, 2 EL Pflanzenöl, 1 EL Apfelessig, Salz, Pfeffer, 1 EL Sonnenblumenkerne, eventuell frische Kräuter, 2 Scheiben Vollkorntoast, 1 TL Butter

Zubereitung: Die geräucherte Zunge in kleine Stückchen schneiden. Den Feldsalat gründlich waschen, abtropfen lassen und mit den Zungenstückchen vermengen. Aus Pflanzenöl, Apfelessig, Salz und Pfeffer eine Sauce rühren und darüber gießen. Die Sonnenblumenkerne rösten und darüber streuen. Den Salat je nach Geschmack mit frischen Kräutern garnieren. Die Toastscheiben rösten, mit Butter bestreichen und zusammen mit dem Salat servieren.

Fenchelrohkost mit Shrimps

Zutaten: 60 g Shrimps, 1 TL Zitronensaft, 1 Fenchelknolle, 3 EL Sahne, 1 TL Tomatenmark, Pfeffer, 2 Scheiben Knäckebrot

Zubereitung: Die Shrimps mit reichlich Wasser überbrausen und gut abtropfen lassen. Mit dem Zitronensaft beträufeln und einige Minuten ziehen lassen. Die Fenchelknolle waschen, putzen und in feine Streifen schneiden. Anschließend in einer Glasschüssel mit den Shrimps vermischen. Die Sahne leicht schlagen und zusammen mit dem Zitronensaft, dem Tomatenmark und dem Pfeffer zu einer Sauce verrühren. Die Sauce abschmecken und über die Shrimps-Fenchel-Rohkost geben. Den Salat mit den Knäckebrotscheiben anrichten.

Für alle, die gern fernöstliche Gerichte essen: süßsaurer Hähnchensalat mit Pfirsichen, Curry und Apfelessig. Welchen Salat Sie auch zubereiten, ein Stück Vollkorn- oder Knäckebrot passt zu allen Varianten.

Rohkostplatte mit Thunfisch

Zutaten: 60 g Thunfisch (aus der Dose), 250 g Sellerie, 200 g Rote Bete, 1 Orange, 1 EL Apfelessig, 2 EL Pflanzenöl, Salz, Pfeffer, 1 EL Sonnenblumenkerne, 2 Scheiben Vollkorntoast, 1 TL Butter

Zubereitung: Thunfisch abtropfen und in kleine Stücke teilen. Sellerie und Rote Bete waschen und raspeln, Orange schälen, klein schneiden und mit dem Thunfisch, der Roten Bete und dem Sellerie vermischen. Aus Apfelessig, Pflanzenöl, Salz und Pfeffer eine Sauce rühren, abschmecken und über die Rohkost geben. Sonnenblumenkerne in wenig Pflanzenöl leicht anrösten und über den Salat streuen. Vollkorntoast rösten, mit Butter bestreichen und zusammen mit der Rohkostplatte servieren.

Hähnchensalat Hongkong

Zutaten: 2 kleine Tomaten, 60 g gekochte Hähnchenbrust (ohne Haut), 150 g Pfirsichspalten, 2 EL Apfelessig, 2 EL Pflanzenöl, Pfeffer, 1 TL Curry, 1 TL Worcestersauce, 3 Scheiben Knäckebrot

Zubereitung: Tomaten überbrühen, häuten und in kleine Stücke schneiden. Hähnchenbrust in Streifen schneiden. Pfirsichspalten klein schneiden und mit den Tomaten und den Hähnchenstreifen mischen. Aus Apfelessig, Pflanzenöl, Pfeffer, Curry und Worcestersauce eine Salatsauce rühren und darüber geben. Einige Zeit ziehen lassen und zusammen mit dem Knäckebrot servieren.

Rohkost mit Käse

Zutaten: 2 Karotten, 2 Lauchzwiebeln, Salz, Pfeffer, etwas Petersilie, 2 Scheiben Vollkorntoast, 1 TL Butter, 50 g Kümmelkäse, 1 Avocado, 1 EL Apfelessig

Zubereitung: Die Karotten schälen, ebenso die Lauchzwiebeln, und in Viertel schneiden. Mit etwas Salz, Pfeffer und mit einem Teil der Petersilie bestreuen. Toast rösten, mit Butter bestreichen, Käse in Scheiben schneiden und auf den Toast legen. Mit der restlichen Petersilie garnieren. Die Avocado halbieren und den Kern entfernen. In die beiden Avocadohälften den Apfelessig geben. Alle Zutaten auf einem Teller schön anrichten und servieren.

Das schnelle Abspecken – den Tieren abgeschaut

Tiere in der freien Natur halten stets ihr Körpergewicht. Das hat folgende Ursachen:

▶ **Ungesunde Nahrung vermeiden**

Tiere fressen ausschließlich, was ihrem Organismus nutzt. In Wald, Feld und Flur gibt es weder Currywurst mit Pommes frites noch Kirschtorte oder süße Limonaden.

▶ **Kälte und Temperaturwechsel**

Tiere sind häufiger der Kälte ausgesetzt. Dadurch verliert ihr Körper viele Fettmoleküle.
Ideal ist der häufige Wechsel kurzer Kältephasen mit langen Phasen wohliger Körperwärme.
Deshalb sollten Wohnräume nicht alle dieselbe Temperatur haben.

▶ **Raumtemperatur**

Stoffwechsel und Fettfreisetzung werden stimuliert, wenn Sie aus einem behaglich beheizten Badezimmer durch einen kühlen Flur in einen mäßig beheizten Arbeitsraum wechseln.

▶ **Nicht zu viel Kleidung**

Auch beim Spazierengehen, Wandern oder selbst zum Einkaufen sollten Sie nicht jedes Mal noch einen Extrapulli überziehen.

▶ **Vitamin D**

Sonne und Tageslicht produzieren in der Haut Vitamin-D-Moleküle. Vitamin D kurbelt in den Genen der Zellkerne den Stoffwechsel an. Wenn der Stoffwechsel auf Hochtouren läuft, schmilzt das Bauchfett von allein dahin. Deshalb sollten Sie sooft wie möglich ans helle Tageslicht gehen. Die UV-Strahlen dringen sogar durch die Kleidung, wenn diese nicht zu dick ist.

▶ **Kalte Getränke**

Tiere trinken nie warme Getränke. Kalte (oder zumindest kühle) Getränke unterstützen den Prozess des Abnehmens ganz entscheidend. Ersetzen Sie also eine Zeit lang den heißen Tee oder Kaffee durch kühle Getränke, beispielsweise durch Apfelsaftschorle (Apfelsaft mit Mineralwasser), durch Eistee oder durch Mineralwasser.

▶ **Jodversorgung**

Eine ausreichende Jodversorgung ist die unabdingbare Voraussetzung für genügend Thyroxin aus der Schilddrüse. Verwenden Sie also ausschließlich jodiertes Speisesalz – wenn auch in Maßen.
Bitte beachten Sie: Deutschland ist Jodmangelgebiet. Ohne bewusste Jodzufuhr entsteht auch bei Ihnen mit Sicherheit ein Jodmangel oder zumindest ein Joddefizit. Setzen Sie deshalb regelmäßig – mindestens einmal pro Woche – frischen Fisch auf Ihren Speiseplan.

Tiere in der freien Wildbahn haben durch ihr wechselndes Nahrungsangebot, durch ihre ständige Bewegung und die täglichen Temperaturwechsel niemals Probleme mit überschüssigen Pfunden. Hier kann man sich ein Vorbild nehmen.

Apfelessig in Küche und Haushalt

Neben den vielen gesundheitlichen Heilwirkungen besitzt Apfelessig eine Vielzahl ganz praktischer Vorteile, die Sie vor allem in der Küche und im Haushalt für sich nutzen können.

Küchentricks mit Apfelessig

Apfelessig können Sie nicht nur essen und trinken, sondern es bieten sich in der Küche noch vielfältige andere Verwendungsmöglichkeiten. Apfelessig eignet sich beispielsweise hervorragend zum Entkalken und Desinfizieren.

▶ Apfelessig hält Fleisch, Wild und Geflügel länger frisch.
▶ Apfelessig macht zähes Fleisch zarter.
▶ Bohnen, Erbsen, Linsen und Kohl werden durch einen Spritzer Apfelessig im Kochwasser leichter verdaulich.
▶ Im Waschwasser von Gemüse, Salat und Rohkost wirkt Apfelessig desinfizierend gegen Bakterien, Pilze und zahlreiche sonstige schädliche Krankheitserreger.
▶ Apfelessig eignet sich ausgezeichnet zum Anmachen von Ketchup, Dressings, Dips und Mayonnaise.
▶ Apfelessig verfeinert den Geschmack vieler Küchenkräuter.
▶ Apfelessig macht Saucen pikanter.
▶ Apfelessig löst Kalk, z. B. im Wassererhitzer.
▶ Apfelessig eignet sich hervorragend für Marinaden aller Art.
▶ Im Fischsud verbessert Apfelessig den Geschmack.
▶ Apfelessig hält Käse länger frisch: Lösen Sie hierzu Apfelessig in Wasser auf, tränken Sie damit ein Küchentuch, und wickeln Sie den Käse in dieses Tuch. Verzichten Sie auf die Papier- oder Plastikverpackung.
▶ Apfelessig eignet sich bestens zum Desinfizieren von Arbeitsflächen, Kochplatten, Spülbecken, Töpfen, Kesseln, Pfannen und anderen Küchengeräten.
▶ Apfelessig macht das Spülwasser weitgehend keimfrei.
▶ Apfelessig eignet sich ideal zum Konservieren von Gemüse, Pilzen, Gurken, Eiern, Fleisch usw.
▶ Ein Schuss Apfelessig macht Eierschalen weicher und verhindert beim Kochen das Aufplatzen der Eier.
▶ Apfelessig macht Lebensmittel weniger leicht verderblich.

Praktische Tips für den Haushalt

▶ Apfelessig als Universalreiniger: Er löst nicht nur Schmutz und Fett, sondern vertreibt Gerüche, verhindert Schimmelbildung und desinfiziert. Eine Tasse im Putzwasser genügt.

▶ Flecken lassen sich mit Apfelessig leichter entfernen. Dies gilt besonders für Verschmutzungen mit Farbe, Leim oder Kaugummi.

▶ Kalkränder an Blumentöpfen entfernen Sie mit einem in Apfelessig getränkten Lappen.

▶ In Bad und WC entfernt Apfelessig auch hartnäckige Kalkablagerungen, z. B. auf Kacheln, im Waschbecken oder in der Badewanne sowie an Wasserhähnen und Duschköpfen.

▶ Gießen Sie ab und zu eine Tasse Apfelessig in die Abflüsse in Küche und Bad. Das beugt üblen Gerüchen vor und macht verstopfte Rohre wieder frei.

▶ Mit Apfelessig können Sie Ihre Kaffeemaschine oder Ihr Dampfbügeleisen auf biologische Weise entkalken.

▶ Mit etwas Apfelessig im Spülwasser erhalten Gläser wieder einen strahlenden Glanz.

▶ Kochgeräte aus Holz werden wieder ganz sauber, wenn man sie ab und zu mit reinem Apfelessig abreibt.

▶ Naturschwämme werden samtig weich, wenn man sie in warmem Essigwasser wäscht und dann mit klarem Wasser ausspült. In hartnäckigen Fällen sollten Sie den Schwamm über Nacht in Apfelessigwasser einweichen.

▶ Auch Bürsten mit Naturhaar werden wieder schön, wenn sie eine Nacht lang in Apfelessigwasser eingeweicht werden.

▶ Die Zugabe von Apfelessig bei der Buntwäsche lässt die Farben wieder leuchten.

▶ Sie können auf Weichspüler verzichten, wenn Sie etwas Apfelessig ins letzte Spülwasser der Wäsche geben.

▶ Wenn Sie etwas Apfelessig in das Bügelwasser geben, erhalten Sie leichter ganz exakte Bügelfalten.

▶ Mit etwas Apfelessig im Kochwasser hält die Farbe auf Ostereiern weitaus besser.

Sogar für die Pflanzenpflege können Sie Apfelessig verwenden: Fügen Sie einmal pro Woche ein bis zwei Esslöffel Apfelessig dem Gießwasser für Balkon-, Zimmer- oder Nutzpflanzen zu. Dies wirkt wie ein natürlicher Dünger. Im Garten werden dadurch gleichzeitig schädliche Insekten und Schnecken von Salat und Gemüse ferngehalten.

Apfelessig ist auch für gesunde Cocktails eine schmackhafte Zutat – der Phantasie beim Mixen sind keine Grenzen gesetzt.

Die elf besten Apfelessigdrinks

Gesund und wohlschmeckend

Dr.-Jarvis-Drink

Zutaten: 1 Glas frisches Wasser (vorzugsweise Quell- oder Gebirgswasser), 2 TL Apfelessig, 2 TL Honig
Zubereitung: Das Wasser mit dem Apfelessig und dem Honig mischen.

Der Dr.-Jarvis-Drink war das erste Apfelessiggetränk. Wegen seiner einfachen Zubereitung besitzt dieser Drink unter den Apfelessigfans Kultstatus. Dr. Forest Clinton Jarvis, ein Arzt aus Vermont (USA), machte mit diesem Getränk die gesundheitsfördernde Wirkung des Apfelessigs bekannt.

Ein wahres Kultgetränk eingefleischter Apfelessigfans ist der Dr.-Javis-Drink. Wie alle Drinks sollte auch diese Mischung ausschließlich mit frischem, sauberem Wasser zubereitet werden.

Die Wasserqualität entscheidet

Verwenden Sie hierbei Leitungswasser jedoch nur dann, wenn Sie wirklich sicher sind, dass es frisch, sauber und von hoher Qualität ist. Wasser ist nicht gleich Wasser: Je frischer das Wasser ist, so z. B. Quellwasser oder frisches Schmelzwasser, desto aktiver ist die in ihm enthaltene Kombination aus Wassermolekülen und Mineralstoffen bzw. Spurenelementen. Wasser besteht nicht nur aus klassischen H_2O-Molekülen (H = Wasserstoff, O = Sauerstoff), sondern auch aus sehr komplizierten Strukturen mit Wasserstoff und Sauerstoff. Die Wasserqualität leidet, wenn das Wasser zu lange in Rohrleitungen oder Behältern lagert. Ideal wäre Quell- oder Gebirgswasser, das Sie frisch in Flaschen oder Kanister abfüllen können.

Essig-Gemüse-Saft

Zutaten: 1 Flasche Gemüsesaft (ca. 0,7 l), 2 EL Apfelessig
Zubereitung: Den Gemüsesaft mit dem Apfelessig verrühren und die Mischung in eine dunkle Flasche abfüllen.

Dieses Getränk greift die Adipozyten (Fettzellen) an und fördert daher den Gewichtsverlust. Den Inhalt der Flasche sollten Sie über den Tag verteilt trinken.
Ideal wäre es, wenn Sie selbst gepresste Gemüsesäfte verwenden würden. Grundsätzlich eignen sich alle wasserhaltigen Gemüsearten bestens für diesen Drink, z.B. Säfte von Karotten, Sellerie, Melonen oder Gurken.

Der Zusatz von Essig zu Gemüsesäften aller Art aktiviert die Nähr- und Wirkstoffe des Gemüses. Durch Essigsäure werden besonders fettfreisetzende Stoffwechselprozesse verstärkt.

Anionen und Kationen

Durch den Apfelessig werden die zahlreichen Nähr- und Wirkstoffe im Gemüsesaft in besonderem Maß aktiviert. Die Vitamine, Spurenelemente und Enzyme entfalten dabei ihre volle Wirkung.
Apfelessig trägt dazu bei, die im Saft enthaltenen Atome oder Moleküle zu ionisieren, also elektrisch aufzuladen. Dabei entstehen Anionen, negativ geladene Ionen, wie sie z.B. in Säuren und Salzen enthalten sind, sowie die positiv geladenen Kationen.
Anionen und Kationen entwickeln schon eine halbe Stunde nach dem Verzehr des Gemüsesafts eine dynamische lipolytische (fettfreisetzende) Stoffwechselwirkung im Körper.

Saure-Gurke-Drink

Zutaten: 1 Salatgurke, 1 Tasse Sauerampferblätter, 1 EL Dill, 1 großer Becher Kefir, 1 TL Apfelessig, Kräutersalz, Pfeffer
Zubereitung: Die Gurke wird geschält und zerkleinert und anschließend mit den Kräutern zusammengemixt. Dann werden Kefir und Apfelessig untergerührt und der Drink mit Kräutersalz und Pfeffer nach Belieben abgeschmeckt.

Darmreinigung durch Kefir

Der Abspeckdrink mit Kefir reinigt die Darmflora und spült auf diesem Weg viel Fett weg, so dass es sich erst gar nicht in den Problemzonen an Bauch, Hüften, Po und Oberschenkeln festsetzen kann. Die in Kefir enthaltenen Laktobazillen sowie die Pflanzenwirkstoffe im Dill und im Sauerampfer wirken zusammen mit dem Apfelessig entgiftend auf Pilzkolonien und Bakterienstämme im Dünndarm und im Dickdarm. Dabei wird die Peristaltik (Darmbewegung) angeregt. Es kommt zu einem rascheren Ausscheiden von Nahrungsresten und dadurch zu einer geringeren Fettaufnahme auch aus dem Darm.

Auch gekaufter oder selbst gemachter Kefir ist eine hochwirksame Zutat für Abspeckdrinks. Kefir regt die Verdauung an und verringert die Fettaufnahme vom Darm ins Blut.

Jamaikadrink

Zutaten: 300 g Saisonobst, 1/4 l Ananassaft, 1/4 l Orangensaft, 1 EL Honig, 1 EL Apfelessig
Zubereitung: Das Saisonobst waschen, zerkleinern und in die Saftpresse geben. Den Saft mit den übrigen Zutaten vermengen.

Apfelessig muss nicht immer wie Apfelessig schmecken. Er verträgt sich ganz ausgezeichnet mit süßen Früchten, weil er ja selbst Produkt einer Fruchtvergärung ist.

Ananas zur Eiweißverdauung

Nehmen Sie diesen Jamaikadrink am besten vor und während der Mahlzeiten zu sich. Der in ihm enthaltene Apfelessig verbessert die Eiweißaufnahme in den Stoffwechsel.
Das im Ananassaft enthaltene Enzym Bromelain ist besonders im oberen Dünndarm von großer Wirkung. Bromelain ist ein proteolytisches (eiweißspaltendes) Enzym, dessen besonderer Vorteil in der schnelleren Verdauung aller eiweißreichen Nahrungsmittel liegt.
Das Vitamin C und die zahlreichen Bioflavonoide in den Früchten und Säften aktivieren zusätzlich den Aufbau fettzersetzender Hormone und Enzyme im Körper.

Das wirkungsstarke Enzym Bromelain

Bromelain, das Enzym in der Ananas, ist ein wahres Wunder an Wirkungsvielfalt:

- Bromelain hemmt die Blutgerinnung
- Bromelain verbessert die Durchblutung
- Bromelain senkt den Blutdruck
- Bromelain vermindert die Ablagerungen in Blutgefäßen, die zur gefährlichen Arteriosklerose führen
- Bromelain wirkt entzündungshemmend
- Bromelain entspannt die Muskeln
- Bromelain hemmt Muskelspasmen, z. B. Menstruationskrämpfe

Bromelain, das Enzym in der Ananas, besteht aus drei proteolytischen (eiweißspaltenden) Enzymen: reinem Bromelain, Ananase und Extranase. Dadurch wirkt Bromelain als Paranymphe (Verbündeter) der menschlichen Eiweißverdauung.

Kombinieren Sie Ihren individuellen Ananasdrink

Sie können das Rezept des Jamaikadrinks jederzeit nach Ihren Wünschen individuell variieren. Ananassaft und Apfelessig bilden die Basis: Dazu passen alle Säfte von Zitrusfrüchten, aber auch andere Säfte mit hohem Säureanteil, z. B. Rhabarbersaft, Kiwisaft, Papayasaft usw. Auch bei der Wahl des beigefügten Obsts sind Ihrer Phantasie keine Grenzen gesetzt. Experimentieren Sie einfach drauflos – Sie werden bald Ihren persönlichen Favoriten gefunden haben.

Biergartendrink

Zutaten: 2 Tomaten, 3 Radieschen, 1/2 Salatgurke, 1 EL Apfelessig, etwas gehackter Dill
Zubereitung: Die Tomaten waschen und den Blütenansatz entfernen. Die Radieschen waschen und putzen. Die Gurke schälen. Das Gemüse entsaften, danach mit dem Apfelessig mischen. Den Dill darüber streuen und servieren.

Dieser pikante Gemüsesaft schmeckt nicht nur im Sommer unter schattigen Kastanien gut: Bei nasskaltem Schnupfenwetter beugt er Erkältungen und grippalen Infekten vor.

Adventdrink

Zutaten: 25 g Glühweingewürz, 1 l Wasser, 125 g Trockenobst, 250 g Holundersaft, 350 g schwarzer Johannisbeersaft, 250 g Apfelsaft, 1/5 l Himbeersirup, 3 EL Apfelessig
Zubereitung: Das Glühweingewürz in das kochende Wasser geben und 15 Minuten lang ziehen lassen. Anschließend durch ein Sieb geben, das Trockenobst zugeben und erneut zum Kochen bringen. Dann die Säfte, den Sirup und den Apfelessig nach und nach zugießen. Alles zusammen erhitzen und servieren.

Wenn in der Vorweihnachtszeit der Schnee rieselt und der Advent Einzug hält, zählen Punsch, Grog und Glühwein zu den beliebtesten Getränken. Die Menge dieses Adventdrinks reicht für die ganze Familie. Da dieses Getränk reich an Fruchtzucker ist, sollten nur diejenigen Familienmitglieder zusätzlich zu süßem Gebäck greifen, die keine Gewichtsprobleme haben.

Essigtee

Zutaten: 1 l Kamillen- oder Pfefferminztee, 2 EL Zitronensaft, 4 EL Honig, 1 EL Apfelessig, 1 Zweig Zitronenmelisse
Zubereitung: Den Tee mit dem Zitronensaft, dem Honig und dem Apfelessig mischen. Vor dem Servieren mit der Zitronenmelissezweig dekorieren.

Essigtee ist ein ideales Getränk zum Abnehmen, das Sie am besten nach dem Essen zu sich nehmen sollten. Essigtee eignet sich auch hervorragend als Abkühlung an heißen Sommertagen und -abenden.

Das Zusammenspiel der Säuren

Die Essigsäure im Apfelessig sowie die Zitrin- und Askorbinsäure im Zitronensaft ergänzen sich bestens und regen die Produktion von Salzsäure in der Magenschleimhaut an. Dadurch wird die Eiweißverwertung verbessert. Bestimmte Proteine wie z. B. Stresshormone sind nötig, um die Fettzellen zum Schrumpfen zu bringen. Gleichzeitig spült der Kräutertee den Darm kräftig durch und drosselt die Fettaufnahme durch die Darmschleimhaut ins Blut.

Essigtee ist einfach und schnell zubereitet und eiskalt besonders an heißen Tagen eine sehr willkommene Erfrischung.

Vitaldrink

Zutaten: 2 Karotten, 1 Gurke, 1 Sellerieknolle, 1 Apfel, 1 EL Apfelessig, jodiertes Speisesalz
Zubereitung: Die Karotten, die Gurke, den Sellerie und den Apfel waschen, putzen, entkernen und anschließend alles zusammen in den Entsafter geben. Den gewonnenen Saft mit dem Apfelessig vermengen und mit etwas Jodsalz würzen.

Der Vitaldrink stimuliert ganz besonders stark den Abbau von Triglyzeriden. Apfelessig und Gemüsesaft verhindern den Einbau von zu viel Fett in Speckdepots. Das im Salz enthaltene Jod verstärkt die Ausschüttung des Schilddrüsenhormons. Das wiederum hebt die Stoffwechselrate in den rund 70 Billionen Körperzellen.

Optimal zur Stimulierung der Hirnanhangsdrüse ist ein Gutenachtdrink: Das abspeckende Wachstumshormon wird dadurch nach einem eiweißhaltigen Abendessen reichlich ausgeschüttet.

Gutenachtdrink

Zutaten: 1 Schnapsglas (0,02 l) Mineralwasser, 1 TL Apfelessig
Zubereitung: Das Mineralwasser mit dem Apfelessig mischen.

Scharf gepfeffert geht es den Triglyzeriden an den Kragen – mit einem Getränk, das richtig Werbung für den wundervollen, einzigartigen Tomatengeschmack macht: dem Tomate-Mexiko-Drink.

Der Gutenachtdrink sorgt für die erhöhte Produktion von Wachstumshormonen in der Hirnanhangsdrüse. Damit es zur vollen Wirkung dieses schlankheitsfördernden Hormons kommt, sollten Sie eiweißreiche Kost dazu essen, z.B. 20 Gramm Hähnchenfleisch, 1 Scheibe kalten Braten oder Roastbeef, etwas Fisch oder – für Vegetarier – etwas Räuchertofu.

Der Gutenachtdrink zu eiweißreicher Kost

Trinken Sie diesen Powermix noch vor einem kleinen Snack. Nach etwa 2 Stunden kommt es zu einem verstärkten Zustrom von Aminosäuren (Eiweißbausteinen) ins Blut und ins Gehirn. In der Hirnanhangsdrüse werden die Moleküle des Wachstumshormons hergestellt. Diese öffnen während der Nachtruhe die Fettzellen und setzen das Fett zur Verbrennung frei. Die Hirnanhangsdrüse erreicht ihre volle schlankheitsfördernde Wirkung aber nur, wenn Sie vor dem Einschlafen ausreichend eiweißreiche Kost zu sich genommen haben.

Tomate-Mexiko-Drink

Zutaten: 0,7 l Tomatensaft, 1 EL Apfelessig, Pfeffer, Salz, Tabasco, 30 g Crème fraîche, 1 EL Kräutermischung, 1 Scheibe Zitrone
Zubereitung: Tomatensaft mit Apfelessig mischen und dann sehr pikant mit Pfeffer, Salz und Tabasco abschmecken. Darüber 1 Klecks Crème fraîche in die Gläser geben, mit der Kräutermischung bestreuen und mit 1 Zitronenscheibe garnieren.

Der Tomate-Mexiko-Drink bringt die Durchblutung richtig schön in Schwung. Auf diese Weise gelangen mehr fettzehrende Biostoffe in die Zellen. Die Folge: Die Zelltätigkeit wird erhöht. Dabei werden mehr so genannte Mitochondrien in den Zellen, insbesondere in den Muskelzellen, bereitgestellt. In den Mitochondrien, diesen winzigen Energiebrennöfen, werden die Fettmoleküle mit Hilfe verschiedener Vitamine und Spurenelemente in Körperenergie umgewandelt. Auch unliebsames Fett aus den Depots wird dafür verwendet.

Sommerspaß

Zutaten: 1/4 l Grapefruitsaft, 1/4 l Kirschsaft, 500 g frisches Saisonobst, 1 l Mineralwasser, 2 EL Honig, 3 EL Apfelessig, 1 Zweig Zitronenmelisse
Zubereitung: Grapefruit- und Kirschsaft im Kühlschrank getrennt gefrieren (z. B. zu Würfeln). Obst waschen, putzen, klein schneiden, zusammen mit den gefrorenen Saftwürfeln in ein großes Bowleglas geben. Mit Mineralwasser auffüllen, Honig und Apfelessig unterrühren. Die Zitronenmelisse zum Garnieren verwenden.

Dieser süßsaure Erfrischungsdrink hat es in sich – er spült richtiggehend das Fett aus dem Körper.
Was viele nicht wissen: Erst die Kombination von alkoholischen Getränken oder Softdrinks – wie Limonade oder Colagetränke – mit fetthaltiger Kost und hellen Mehlprodukten fördert das Übergewicht. Also greifen Sie unbeschwert zu dieser wohlschmeckenden, erfrischenden und gesunden Apfelessigbowle.

An warmen Sommertagen schmeckt eisgekühlte Bowle am besten – aber bitte alkoholfrei. Alkohol verursacht nicht nur einen »dicken Schädel«, sondern wirkt in Kombination mit Fett als absoluter Dickmacher.

Wunderbare Grapefruit

Die großen, gelben und saftigen Grapefruits sind wahre Gesundheitsbomben – randvoll mit Vitamin C. Eine einzige reife Grapefruit enthält den gesamten Tagesbedarf eines Erwachsenen an Vitamin C. Zusätzlich ist das Vitamin C noch durch Bioflavonoide (Pflanzenschutzstoffe) geschützt. Die Bioflavonoide steigern die heilsame Wirkung von Vitamin C bis zum 20fachen. Außerdem liefert diese Südfrucht noch viel wertvolle Folsäure. Durch diese hohe Konzentration an Biostoffen bietet die Grapefruit große Heilwirkungen:

- Grapefruit hilft bei Venenleiden und Krampfadern sowie bei Hämorrhoiden
- Grapefruit kräftigt das Immunsystem und die Hormonproduktion
- Grapefruit beugt Infektionen und Erkältungen vor
- Grapefruit reinigt den Darm und stabilisiert die Darmflora
- Grapefruit wirkt unterstützend bei Abspeckkuren

Seine Wirkung als Abnehmhilfe kann Apfelessig auch als Senfzutat entfalten.

Apfelessigsenf

Apfelessig schlank macht und gesund – das ist bekannt. Von der Essigsäure, einem Bestandteil des Apfelessigs, profitieren Magen, Darm, Blut und Zellen. Essigsäure ist auch in Senf enthalten. Daher stellt Senf ein wichtiges Mittel im Kampf gegen die Fettzellen dar.

Ein ungewöhnlicher Schlankmacher

Senf war schon bei den alten Römern und Griechen ein beliebtes Heilmittel, insbesondere bei Entzündungen, rheumatischen Erkrankungen (z. B. als Senfwickel), aber auch bei Verstopfungen und Übergewicht. Senf wirkt leicht abführend. Essigsäure als zusätzlicher Bestandteil im Apfelessigsenf potenziert die Wirkung als natürliches Schlankheitsmittel. Daher ist Senf in Kombination mit Apfelessig eine Wunderwaffe gegen die ungeliebten Pfunde. Die gute Nachricht lautet: Apfelessigsenf können Sie ganz einfach auch selbst herstellen.

Senf ist ein natürliches Heilmittel bei Verstopfungen und Übergewicht. Seine gesundheitsfördernde Wirkung wird durch den Zusatz von Apfelessig noch verstärkt.

Woraus Senf besteht

Wissenschaftlich oder botanisch genau betrachtet, unterscheidet man bei der Senfpflanze, einem einjährigen Kreuzblütler, mehrere verschiedene Gattungen: Der weiße, der schwarze und der braune Senf sind die bekanntesten Arten. Auch die Körner oder Samen dieser Pflanzen werden als Senf bezeichnet. Senfpflanzen können bis zu eineinhalb Meter hoch werden. Speisesenf ist im Supermarkt in Tuben oder Schraubgläsern erhältlich. In manchen Gegenden nennt man Speisesenf auch Mostrich. Speisesenf wird aus Senfkörnern gewonnen; dabei werden braune und gelbe Senfkörner verwendet. Weitere Zutaten sind Gewürze, Kräuter, Salz, Zucker, Meerrettich oder andere Beigaben sowie vor allem Essig, der dem Senf die unerlässliche Säure gibt und zu seiner pikanten Schärfe beiträgt.

Geschmacksvarianten

Durch Variieren der Zutaten, insbesondere der Gewürze und Kräuter, können sehr spezielle Arten von Speisesenf hergestellt werden:

- Ein geringer Schärfeanteil bedingt eine Reduzierung von Meerrettich. Dieser Senf erhält dann ein recht mildes Aroma.
- Verwendet mag hingegen besonders viel Meerrettich, dann erhält man die sehr scharfen Senfsorten.
- Die im Speisesenf enthaltene Essigsäure, aber auch die Gewürze wie Pfeffer, Chili oder Meerrettich wirken antibakteriell (gegen Bakterien) sowie antimykotisch (gegen Pilze). Hieraus entsteht der Vorteil, dass Speisesenf keine Konservierungsmittel enthält und trotzdem relativ lange haltbar ist. Sie können davon ausgehen, dass auch industriell hergestellter Speisesenf keine Farbstoffe enthält.

Senf wird aus Senfkörnern, verschiedenen Gewürzen, Essig und Meerrettich hergestellt. Die unterschiedliche Schärfe von Senf beruht auf dem Anteil des Meerrettichs.

Apfelessigsenf selbst gemacht

Senfkörner sind im Bioladen oder im Reformhaus erhältlich. Helle, gelbe oder braune Senfkörner dürfen Sie ohne weiteres miteinander vermischen. Sie sollten wissen, dass Senfsamen 30 und mehr Prozent Pflanzenöl enthalten können. Dieses Öl besitzt zwar keinen Eigengeschmack, es kompliziert jedoch die Herstellung von Speisesenf.

Der typische scharfe Senfgeschmack wird nur dann enzymatisch freigesetzt, wenn die nichtöligen Bestandteile der Körner oder Samen mit Wasser in Berührung kommen. Das Öl sowie das im Öl enthaltene Vitamin E schützen den Samen zunächst. Nach der Freisetzung des Samens wird das Öl ranzig. Die scharfen, antimikrobischen Wirkstoffe des Senföls übernehmen nun so lange den Schutz des Samens, bis sich daraus eventuell eine neue Senfpflanze entwickeln kann.

Entölte Senfkörner oder -samen können enorm viel Wasser aufnehmen. Dabei quellen die Körner stark auf. Bioläden oder Reformhäuser bieten sowohl Senfkörner als auch abgepacktes Senfmehl an. Senfmehl erleichtert die Herstellung, weil die Körner vorher nicht mühsam im Mörser zerstoßen und verrieben werden müssen.

Tips zur Senfherstellung

Bei der Herstellung sollten Sie auf Folgendes achten:

- Senfmehl wird mit Apfelessig entweder verkocht oder zu einem Brei verrührt.
- Erst danach werden die geschmackstypischen Zutaten des Senfs nach und nach beigegeben und zum Aufkochen gebracht.
- Damit die scharf schmeckenden Bestandteile nicht verloren gehen, sollte das fertige Produkt rasch umgeschüttet und in gut schließende Gläser abgefüllt werden.
- Lagern Sie Senf kühl und dunkel.
- Selbst gemachter Speisesenf hält sich normalerweise drei bis sechs Monate lang.

Um Senf selbst herzustellen, sollten Sie Senfmehl aus dem Reformhaus verwenden. Verschiedene Geschmacksrichtungen erhalten Sie durch die Zugabe von Gewürz- und Kräutermischungen.

Kräutersenf

Zutaten: 250 g Senfkörner oder Senfmehl, 0,4 l Apfelsaft, 0,4 l Apfelessig, 1 EL Kräutermischung, Kräutersalz

Zubereitung: Senfkörner im Mörser fein zerstoßen bzw. Senfmehl verwenden. Mit Apfelsaft und Apfelessig mischen und den Vormittag oder Nachmittag über aufquellen lassen. Einmaischen nennt der Fachmann diesen Vorgang. Zum Schluss rühren Sie die Kräutermischung unter den Senf und schmecken ihn mit Kräutersalz nach Ihren persönlichen Bedürfnissen ab.

Paprikasenf

Zutaten: 250 g Senfkörner oder Senfmehl, 0,2 l Apfelsaft, 0,2 l Apfelessig, 1 TL Paprika, Salz, Zucker

Zubereitung: Die Senfkörner fein verreiben und das gewonnene Mehl bzw. das fertige Senfmehl mit dem Apfelsaft und dem Apfelessig verrühren. Diese Mischung sollten Sie dann 2 Stunden lang quellen lassen. Nun erst das Paprikapulver dazugeben, mit Salz und etwas Zucker abschmecken. Die Masse bei geringer Hitze erwärmen und nach und nach unter Rühren zum Kochen bringen, bis sich ein fester Brei gebildet hat. Danach den Senf sofort in gut schließende Schraubgläser abfüllen und kühl und dunkel lagern.

Senf lässt sich je nach individuellem Geschmack mit vielen unterschiedlichen Zutaten herstellen. Auch den Schärfegrad kann man variieren.

Apfelessigsenf

Zutaten: 250 Gramm Senfkörner bzw. Senfmehl, 1 Flasche Apfelessig (0,7 Liter), 1 EL Honig, Kräutersalz

Zubereitung: Senfkörner im Mörser zerstoßen, das so gewonnene Senfmehl bzw. das fertige Mehl mit dem Apfelessig vermengen und unter Rühren zum Kochen bringen. Gleichzeitig die restlichen Zutaten zumischen. Nach dem Abkühlen den Senf in Gläser abfüllen.

Richtig scharf wird Ihr Senf mit Meerrettich, Tabasco und Pfeffer. Für empfindlichere Zungen ist Apfelessigsenf vielleicht eher das richtige Rezept.

Scharfer Senf

Zutaten: 250 g Senfkörner bzw. Senfmehl, 2 EL Honig, 1 TL Pfeffer, 1 TL Tabasco, 0,2 l Apfelessig, 0,2 l Apfelsaft, 50 g frischer Meerrettich, Kräutersalz

Zubereitung: Senfkörner zerreiben, das so erhaltene Mehl oder das bereits gebrauchsfertig gekaufte Mehl mit Apfelsaft und Apfelssig mischen und einen Vormittag oder Nachmittag lang ziehen und quellen lassen. Danach alle übrigen Zutaten langsam zugeben und die Masse bei nicht zu starker Hitze und unter Rühren aufkochen lassen, bis sich eine senfartige Konsistenz ergibt. Nun den Senf in gut schließende Schraubgläser abfüllen und am besten kühl und dunkel lagern.

Ausreichend Bewegung in der freien Natur wirkt vitalisierend. Auch längere Spaziergänge gehören dazu.

Mehr Bewegung

Wer voll auf die Apfelessigkur setzt, kann die Lipolyse (Fettfreisetzung) durch ein gezieltes Bewegungskonzept noch mehr auf Touren bringen und den Vorgang des Abnehmens damit optimieren.
Ganz allein auf sich gestellt, setzt die Essigsäure den Fettzellen zwar bereits gehörig zu, doch jede körperliche Aktivität heizt den wichtigen Verbrennungsprozess zusätzlich an.
Was ganz wichtig ist: Fitnessprogramm und Apfelessig potenzieren sich dabei gegenseitig.

Warum Tiere so gesund leben

In der freien Wildbahn überleben nur völlig gesunde Lebewesen. Um den erbarmungslosen Existenzkampf in der Natur bestehen zu können, muss jedes Tier – ob nun Hase, Reh, Amsel oder Forelle – sozusagen sein Idealgewicht halten.
Selbst wenn sich freilebende Tiere ganzjährig einseitig oder nur von fetter Nahrung ernährten, so hätten sie kein Gramm zu viel. Einzige Ausnahmen in diesem Naturgesetz sind trächtige Muttertiere oder Tiere, die sich einen Speckvorrat für den Winter anfressen müssen.

Viel Bewegung und die richtige Ernährung sind die beiden zentralen Bausteine für Ihre schlanke Figur. Apfelessig allein bringt Sie nicht ans Ziel.

Trimmen Sie sich schlank

Dieses Schlankheitsprinzip ist genauso in den Erbinformationen des Menschen enthalten. Denn auch die Menschen sind ein »Produkt« der Natur. Bevor unsere Spezies, der Homo sapiens, den Weg zur Zivilisation einschlug, lebten unsere Vorfahren noch im Einklang mit den Gesetzen der Natur. Das natürliche und gesunde Schlankheitsprogramm wird nur dann blockiert und beeinträchtigt, wenn der Mensch widernatürlich und ungesund lebt, wie das in unserer heutigen Zeit durch falsche Ernährung und Stress meist der Fall ist.

Wie Ihr Stoffwechsel fit wird

Voraussetzungen für einen gut funktionierenden Stoffwechsel sind:
- Dem Witterungs- und Temperaturwechsel ausgesetzt sein
- Viel Sauerstoff tanken
- Ausschließlich kerngesunde, naturbelassene Kost essen
- Viel Bewegung
- Meditative Erholungsphasen
- Ausgewogene nächtliche Schlafrhythmen

Die heutige Lebensweise in westlichen Industriestaaten ist hochgradig ungesund. Mit ausreichend viel Bewegung, weniger Hektik und gesunder Ernährung lässt sich relativ leicht für einen gesunden Ausgleich der meist sitzenden Tätigkeiten sorgen.

Warum unsere Lebensweise ungesund ist

Wenn diese Voraussetzungen gegeben sind, funktioniert unser Stoffwechsel ebenso präzise und vollkommen wie der der Tiere. Ungefähr 80 000 Gene steuern und überwachen die Stoffwechselprozesse, die für einen schlanken Körper verantwortlich sind.

Dieses harmonische Zusammenspiel von pflanzlicher, menschlicher oder tierischer Existenz in Verbindung mit einer heilen Umwelt und einer gesunden Ernährung war über viele Hunderttausende von Jahren hinweg ungestört – vergleichbar den Wurzeln eines Baumes, die tief ins Erdreich eindringen und mit diesem bzw. den darin enthaltenen Nährstoffen eine Lebensgemeinschaft bilden.

Irgendwann begannen unsere Vorfahren, sich von der natürlichen Lebensweise abzuwenden. Unsere heutige Lebensweise ist in einem hohen Maß unnatürlich. Vor allem folgende Merkmale schaden unserer Gesundheit mehr und mehr:
- Wir leben oft nahezu ausschließlich in Wohnungen oder Häusern.
- Wir sind daher stets gleichbleibenden Temperaturen ausgesetzt.
- Wir nehmen oft nur die Hälfte der Sauerstoffmenge auf, die sich unsere Zellen wünschen.
- Wir ernähren uns ungesund.
- Wir bewegen uns zu wenig.
- Wir gönnen uns keine intensiven Ruhephasen.
- Wir schlafen nicht erholsam genug, denn unsere Schlafzyklen sind schwer gestört.

Die Schlankheitsgene stimulieren

Die heutige moderne Lebensweise hat sich zusammen mit den Errungenschaften der Zivilisation negativ auf den Körper ausgewirkt. Könnten wir die Signale unseres Körpers richtig verstehen, so wüssten wir, was die Schlankheitsgene stimuliert:

- Bewegen Sie sich mehr an der frischen Luft. Einen Regenschauer sollten Sie nicht meiden, denn er regt Ihre Schlankheitsgene an, lässt Ihr Haar schneller wachsen und durchblutet Ihre Haut besser.
- Versinken Sie einmal am Tag in tiefe Meditation.
- Ernähren Sie sich gesund.
- Schaffen Sie unterschiedlich temperierte Lebensbereiche in Ihrer heimischen Umgebung.

Herz- und Kreislaufprobleme, Magen- und Darmkrankheiten sowie Übergewicht sind die wichtigsten modernen Zivilisationskrankheiten. Aber auch Haarausfall und Hautprobleme lassen sich auf falsche Ess- und Lebensgewohnheiten zurückführen.

Die Folgen der modernen Lebensweise

Durch die ungesunde Lebensweise vollziehen sich zahlreiche kleine und unauffällige Veränderungen im Organismus: Die 80 000 aktiven Gene in den Chromosomen unserer Zellkerne mutieren, verändern sich also. Diese Veränderungen sind die Folge von unnatürlichen Gewohnheiten wie falschem Essen und zu wenig Bewegung. Solche warnenden »Botschaften« der Gene werden leider zu oft übersehen. Anfangs wäre es noch leicht, vielen Erkrankungen vorzubeugen und zu natürlichen – und damit schlank machenden – Verhaltensmustern zurückzukehren.

Tritt keine grundlegende Änderung in der Lebensweise ein, dann wird der Zellstoffwechsel enorm gedrosselt. Die Folgen hiervon sind weitreichend:

- Die Haare werden dünn und fallen aus.
- Die Haut welkt schneller.
- Das Bindegewebe erschlafft.
- Herz und Kreislauf werden geschwächt.
- Magen- und Darmtätigkeit lassen nach.
- Es kommt zu mentalen Alterserscheinungen.
- Das Körpergewicht steigt kontinuierlich an.

Fitness und Apfelessig

Beim Muskeltraining geht es nicht darum, schwitzend und keuchend persönliche Höchstleistungen aufzustellen. Schon zwei mal drei Minuten dauernde kleine Fitnessübungen bringen Ihren Körper in genügend Schwung und helfen, die Fettpolster zum Schmelzen zu bringen.

Besonders erfolgreich wird Ihre Diät durch die Kombination sportlicher Aktivität mit gesunder Ernährung. Auch der beste Sportler bleibt mit Pommes frites, Pizza und pappsüßen Torten nicht rank und schlank.

Bewegung allein reicht nicht …

Eine große Rolle spielen dabei der richtige Zeitpunkt und die richtige Zusatzkost in Form fettfreisetzender Biostoffe. Sportphysiologen fanden heraus, dass spezielle zeitliche und qualitative Kombinationen von Abspecksnacks und z. B. Stretching oder Aerobic den Trainingserfolg um 30 Prozent steigern können. Anders ausgedrückt: Mit Sport allein bringen Sie kein einziges Gramm Fett weg.

Das Eiweiß-Muskel-Spiel

- In den Muskeln werden ständig Proteine (Eiweißbausteine) ein- und abgebaut. Während die meisten der 20 Aminosäuren (Proteine) den Umweg aus dem Nahrungsbrei über Darm und Leber nehmen, steuern langkettige Aminosäuren die Muskeln direkt an.
- Diese Aminosäuren heißen Leuzin, Isoleuzin und Valin. Während der sportlichen Tätigkeit bleibt die Eiweißaufnahme in die Muskeln eingeschränkt, da Eiweiß teilweise direkt zur Energiegewinnung genutzt wird. Einige Stunden später erst baut der Organismus das Muskeleiweiß ein. Der Bizeps wächst.
- Leuzin ist die typische Muskelaminosäure. Sie besitzt schmerzstillende Wirkung, weil sie den Abbau körpereigener »Schmerztabletten« (Endorphine) verzögert. Kraftvoll-dynamische Muskelarbeit bedeutet evolutionsgeschichtlich gesehen Kampf, Jagd, Flucht oder Stress.
- Der fitnessbedingte Sondereinbau in Muskeln verursacht den Fettabbau durch die Mitochondrien. Das genetische Prinzip lautet: je mehr Bewegung, desto mehr Mitochondrien, desto mehr Proteinsynthesen in der Zelle. Dafür wird jede Menge an Energiebrennstoff Fett benötigt.

... auch vernünftiges Essen ist notwendig

Erst mit der richtigen Ernährung kombiniert, kurbeln Fitnessübungen wie 50 Kniebeugen oder Sit-ups den sensiblen Prozess der Fettfreisetzung gehörig an.
Dass Apfelessig vor oder zum Essen die Eiweißverwertung beträchtlich steigern kann, wurde in diesem Ratgeber bereits beschrieben. Dieses Eiweiß wird gerade auch zum Abspecken dringend gebraucht.

Der Muskelaufbau des Körpers wird von Genen gesteuert. Das Kommando zur Bildung neuer Muskelmasse wird erst nach einem Training über einen längeren Zeitraum gegeben.

Wie die Gene für Muskelaufbau sorgen

Die moderne Genforschung liefert Sporttrainern, Physiologen und aktiven Sportlern neue Einblicke in den Muskelzellstoffwechsel und damit bessere Anleitungen für den idealen Trainingsbetrieb:

- In jedem Zellkern der rund 70 Billionen Körperzellen stecken 23 Chromosomenpaare, in denen die Erbanlagen gespeichert sind.
- Jedes Chromosom besteht aus einem langen Molekülfaden – der Desoxyribonukleinsäure (DNS). Die DNS-Fäden einer einzelnen Zelle sind zusammengerechnet beinahe zwei Meter lang. Alle DNS-Fäden eines Menschen hintereinander gelegt, ergeben rund 1000-mal die Strecke zwischen Erde und Sonne – eine schier unvorstellbare Leistung der Natur.
- Jeden einzelnen DNS-Faden kann man sich wie eine spiralförmige Strickleiter mit rund 3,5 Milliarden Sprossen vorstellen. In jedem Zellkern befinden sich 46 DNS-Fäden.
- Auf dieser Strickleiter sind die rund 80 000 aktiven Gene verteilt. Manche Gene erstrecken sich nur über wenige 1000 Sprossen, andere über viele 100 000 Sprossen. Das längste Gen im menschlichen Körper ist das Dystrophingen: Es erstreckt sich über 2,3 Millionen Strickleitersprossen auf dem DNS-Fadenmolekül.
- Dieses Dystrophingen ist für den Aufbau von Muskelmasse verantwortlich. Deshalb dauert es immer recht lange, ehe nach dem tüchtigen Stemmen einer Hantel die Muskelpracht am Oberarm anschwillt. Erst 14 bis 24 Stunden nach der Plackerei macht sich neugewonnenes Muskelpotential bemerkbar.

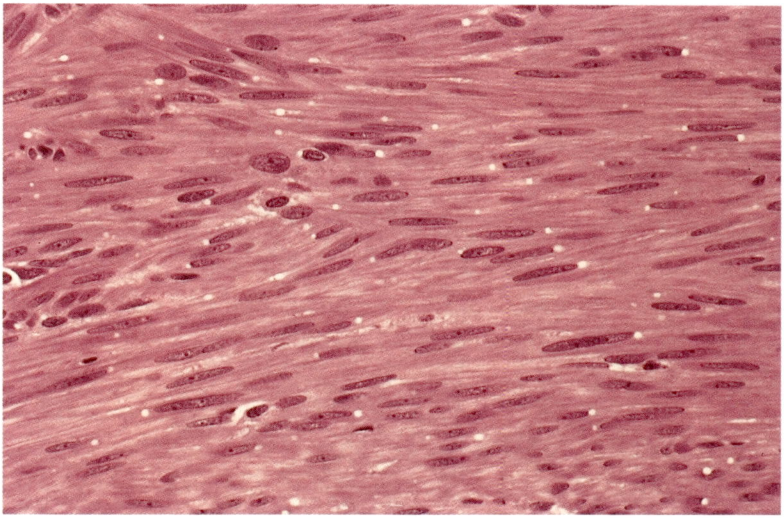

Über Sehnen sind die Knochen mit den Muskeln verbunden, die durch ihre Kontraktionen Bewegung erst möglich machen. Der Querschnitt durch das Muskelgewebe zeigt deutlich die einzelnen Zellen.

Wie Apfelessig und Eiweiß für Muskelzuwachs sorgen

Zu einem Muskelzuwachs kommt es nur, wenn auch ausreichend Muskeleiweiß in den Zellen deponiert wird. Ist dies nicht der Fall, dann melden die so genannten Stringent Factors (molekülkleine Zellpagen) den Genen im Zellkern den Eiweißmangel. In der Folge stoppen die Dystrophingene sofort den Muskelaufbau. Selbst wenn man weitertrainieren würde, wüchse keine einzige Muskelfaser nach.
Ist jedoch ausreichend Eiweiß vorhanden – und dafür sorgt nicht zuletzt ein einziger Schluck Apfelessig –, dann steigt die Zahl der Ribosomen in den Muskelzellen rapide an. In den Ribosomen, diesen winzig kleinen Proteinfabriken, werden die Eiweißmoleküle für den Zellstoffwechsel hergestellt. Menschen, die nur wenig Sport treiben, haben manchmal nur rund 20 000 Ribosomen in einer einzelnen Muskelzelle. Austrainierte und sportlich aktive Menschen besitzen über 200 000 Ribosomen pro Zelle.
Um den Muskelzellstoffwechsel in Gang zu halten, benötigen die Mitochondrien und Ribosomen ausreichend Fettmoleküle. Die Folge dieses Prozesses ist daher der Abbau von Fettzellen.

Nicht umsonst setzen Bodybuilder ihrer Nahrung Eiweißpulver zu, denn Proteine sind die Grundbausteine der Muskelfasern. Mit einem Schluck Apfelessig sehen Sie zwar nicht gleich aus wie Arnold Schwarzenegger, Ihrem Körper stehen damit aber mehr Eiweißstoffe zum Muskelaufbau zur Verfügung.

Empfehlenswerte Sportarten

Beim Kraftsport, bei Bodybuilding und kurzen Sprints verbrennt der Körper viele Kohlenhydrate. Fettreserven werden bei solchen Kurzzeitsportarten jedoch nicht abgebaut.

Eine Kombination aus Anaerobic und Aerobic eignet sich vortrefflich für fettabbauende Körperprozesse. Anaerobic umfasst:

- Hantelstemmen
- Arbeiten an Bodybuildingmaschinen
- Drei-Minuten-Stretching
- Drei-Minuten-Gymnastik
- Kurzstreckenkraulen
- Treppensteigen
- Kurze Sprints

Kaum Fettverbrennung

Bei diesen körperlichen Betätigungen werden ausschließlich Kohlenhydrate bzw. Glukose verheizt, Fett wird dabei jedoch nur geringfügig verbrannt. Dafür stimulieren diese Kurzübungen viele Schlankheitsprozesse. Besonders wichtig ist hier auch die richtige Ernährung mit viel Vollkornprodukten, frischem Obst und Gemüse.

Einbahnstraße Fett

- Bei normalgewichtigen Menschen existiert ein Kreislauf, bei dem das Fett zu den Fettspeichern an Bauch, Hüften, Po und Oberschenkeln wandert. Im Gegenzug strömen Triglyzeride (Fettmoleküle) zurück zu den Körperzellen, wo sie verbrannt werden.
- Bei ungesunder Ernährung und mangelnder Bewegung kommt es zu einem stockenden Rückstrom der Fettmoleküle. Immer weniger Fett findet zurück zu den Mitochondrien (Verbrennungskammern).
- Da nun das Fett in den Speckdepots verbleibt, entleeren diese sich kaum oder gar nicht mehr. Die Adipozyten (Fettzellen) quellen deshalb immer mehr auf und können praktisch unbegrenzt Fett aufnehmen.
- Der Kreislauf der Fettmoleküle ist nun blockiert. Die Adipozyten nehmen ständig Fett auf. Aber es wird kein Fett mehr abgebaut. Die »Einbahnstraße Fett« ist errichtet: Der Mensch wird dick und immer dicker.

Anaerobics – die Anheizer

Anaerobische Übungen haben zunächst keinen Einfluss auf die Adipozyten (Fettzellen). Kurzübungen von drei Minuten Dauer wirken aber unmittelbar auf die Schlankheitsgene. Diese geben die entscheidenden Kommandos an die Zellen ab, die mit Verzögerung fettschmelzende Prozesse einleiten.
Einer dieser Prozesse lässt sich mit folgendem Beispiel veranschaulichen: Je mehr Glukose in den Muskelzellen zu Energie verheizt wird, desto mehr Mitochondrien und Ribosomen entstehen. Die Folge davon ist eine Ankurbelung des Stoffwechsels.
Da Glukosemoleküle sehr schnell aufgebraucht werden, entsteht in den Zellen ein erhöhter Bedarf an brennstärkerer Energie, an Fettmolekülen, die den Muskeln (speziell dem Herzmuskel) erst die nötige Power verleihen.

Die beste Abhilfe gegen Speckpolster sind Ausdauersportarten: Radfahren, Schwimmen, Joggen und ähnliche Arten der Bewegung verbrauchen nicht nur Kohlenhydrate. Hier schwitzen Sie sich das überflüssige Fett vom Leib.

Aerobic – der Fettfresser

Je länger man joggt, radfährt, schwimmt, klettert oder eine andere Sportart ausdauernd betreibt, desto mehr Fett wird verbrannt. Je besser die körperliche Kondition wird, desto mehr Depotspeck wird zusätzlich abgebaut. Ein untrainierter Mensch verbrennt bei einer Bergwanderung fast nur Glukose. Ein Mensch mit guter sportlicher Kondition verheizt auf diesem Gipfelweg bereits viele Fettmoleküle.
Mittels aerober Sportübungen wird das Abnehmen für Sie zu einem Kinderspiel. Immerhin stehen dem Körper dafür 70 Billionen Zellen zur Verfügung, um die Triglyzeride zu verbrennen. Ein enormes Potenzial, das in jeder Minute und Sekunde eine große Menge an Fettmolekülen abbauen kann.
Ideal ist eine Kombination von anaerobischen und aerobischen Übungen, also von Kurzzeit- und Ausdauersport, z. B. von zeitlich begrenzten Gymnastikübungen und einem oder zwei Tennismatches pro Woche. Vor oder nach jeder Mahlzeit sollte man ein Getränk mit Apfelessig zu sich nehmen. Denn das Abspecken kostet Eiweiß – und das verschafft die Essigsäure dem Stoffwechsel.

Was Kohlenhydrate bewirken

Der Tip von Experten lautet: mehr Eiweißreiches, mehr komplexe Kohlenhydrate in der Sportlerkost. Wenn Sie unter Schlafstörungen leiden, sollten Sie die letzte eiweißreiche Mahlzeit des Tages nicht allzu spät einnehmen, wenn möglich nicht nach 18 Uhr.

Eine alte Faustregel lautet: Kohlenhydrate machen dick, Eiweiß hält und macht schlank. Kohlenhydratreiche Kost wie Nudeln, Reis, Brot, Kuchen und Süßigkeiten wird durch das Bauchspeicheldrüsenhormon Insulin ins Blut geleitet. Insulin ist vergleichbar mit einem Vorhängeschloss, das Fettzellen zusperrt, so dass keine Fettmoleküle freigesetzt werden können. Vor allem die schnelllösliche Glukose in hellen Mehlprodukten und Süßem macht einen Gewichtsverlust noch Stunden nach dem Verzehr unmöglich. Um durch Sport abzunehmen, sollten Sie daher nur komplexe Kohlenhydrate, die in Getreideprodukten wie Vollkornbrot, in Naturreis, Kartoffeln oder Gemüse enthalten sind, zu sich nehmen.

Hände weg von Torten und Kuchen!

Ein einziges Stück Schwarzwälder Kirschtorte kann den Erfolg eines fleißigen Trainingstags zunichte machen: Wissenschaftler haben ausgerechnet, dass der Verzehr eines süßen, fetten, 125 Gramm schweren Muffins das Körpergewicht um 500 (!) Gramm ansteigen lassen kann. Ganz einfach deshalb, weil der gesamte Energiestoffwechsel dadurch gedrosselt wird. Der Körper speichert Reserven und verheizt keine Ressourcen. Die »Einbahnstraße Fett« wird aufgebaut.

Was eiweißreiche Kost bewirkt

Der Verzehr von Eiweißreichem hingegen führt automatisch zu einer erhöhten Zellstoffwechselrate. Vor allem schon deshalb, weil die Produktion von Trillionen Proteinen aus Nahrungseiweiß einen gewaltigen Energiebedarf voraussetzt. Erst recht dann, wenn die Eiweißspeicher im Körper, z.B. die Muskeln, erschöpft sind und ein entsprechender Nachholbedarf an Zellproteinen besteht.
Man merkt dies z.B. daran, dass man nach einer eiweißreichen Mahlzeit mitunter Probleme hat, abends einzuschlafen. Der Zellstoffwechsel arbeitet dann einfach auf zu hohen Touren.

Warum Frieren gesund ist

Durch Frieren nimmt man eher ab als durch Schwitzen. Stetige Temperaturwechsel stimulieren unsere Schlankheitsgene. Unser Genom – die Gesamtsumme aller Gene des Menschen – ist mit dem unserer Vorfahren identisch. Diese Vorfahren, ob nun Steinzeitmenschen oder später die Kelten und Germanen, hausten in primitiven Unterkünften und waren oft der Kälte ausgesetzt. Ihre Kost bestand daher zumeist aus deftigem Essen. Diese ermöglichte ihnen die Aufnahme von Energie, die für die Erzeugung der körpereigenen Wärme sorgte.

Ein Spaziergang bei Schmuddelwetter ist nicht besonders reizvoll. Über ein bisschen Frösteln freut sich aber Ihre Figur, denn Kälte macht schlank.

Die guten Seiten der Gänsehaut

Die Menschen essen heute deftige und fette Kost und außerdem große Mengen an Kohlenhydraten. Aber dieselben Menschen kommen nicht mehr zum Frieren. Die Nahrung wird nicht mehr verheizt, sondern als Fettreserve angelegt. Deshalb empfehlen molekularbiologisch geschulte Schlankheitsexperten:
Erzeugen Sie einen Zustand leichten Frierens, in dem der Körper sich leicht zitternd, mit »gereizter Haut«, gegen das Eindringen der Kälte wehrt: mit Gänsehaut.
Dieses Zeichen des Frierens ist ein genetisches Relikt aus uralten Tagen, als unsere Vorfahren noch vollständig behaart waren: Längst abgestorbene Haarzwiebeln richten sich auf, wo sich früher das Fell noch richtig gesträubt hat. Vögel, Füchse und andere Tiere plustern sich ja bekanntlich bei Frost und Kälte auch auf, um Wärme zu speichern. Dabei verbrennt deren Organismus jede Menge Depotfett. Und dieses Prinzip funktioniert auch beim Menschen.

- Meiden Sie die Kälte nicht, sondern lassen Sie es ruhig zu, dass Sie kurz einmal frieren. Freilich nur so lange, dass Sie Ihre Gesundheit nicht riskieren.
- Warten Sie nicht auf schönes Wetter, sondern machen Sie einen Spaziergang auch bei Regen und Schnee.
- Kleiden Sie sich nicht zu warm, wenn Sie das Haus verlassen. Laufen Sie sich lieber warm.

Der Körper liebt es heißkalt

Wenn wir durch beheizte Räume und warme Kleidung stets für eine gleichbleibende, angenehme Körpertemperatur sorgen, dann verhalten sich Schlankheitsgene eher passiv.
Eine Diät mit molliger Kleidung im überheizten Zuhause bringt viel weniger als eine bei gleichzeitigem Kälteeinfluss. Da kann sich bereits eine Veränderung um ein paar wenige Grad Celsius positiv oder negativ auswirken. Ausschließlich Stresshormone – wie die durch Kältereize ausgeschütteten – öffnen die Fettzellen, damit die Fettmoleküle verbrannt werden können.

Heißkalte Wechselduschen bringen Ihren Kreislauf in Schwung. Gleichzeitig bewirken Temperaturwechsel die Verbrennung von Fett.

Temperaturwechsel wirken Wunder

Deshalb eignen sich Temperaturschwankungen bestens, um die Wirkung von Apfelessig beim Abspecken zu unterstützen. Der Wechsel zwischen Wärme und Kälte zwingt den Organismus, sich extrem umzustellen. Ein solcher Stresszustand führt zur Lipolyse (Fettfreisetzung), die oft sogar über einen längeren Zeitraum hinweg anhält.

Effektiv abnehmen mit Kälte

▶ Heißkalte Wechselduschen aktivieren die Schlankheitsgene, die ihrerseits unverzüglich Fettmoleküle zur Verbrennung anfordern.
▶ Die Räume in Haus oder Wohnung sollten niemals nur eine Temperatur aufweisen. Ideal ist, wenn Flur, Diele oder Treppenraum kühl sind, das Wohnzimmer oder Arbeitszimmer hingegen warm bzw. gut temperiert. Auch zwischen Bad, Küche und anderen Räumen lässt sich ein Wärmegefälle einrichten.
▶ In einer solchen Wohnung ist der Körper – oft ohne dass man es überhaupt wahrnimmt – gezwungen, sich immer wieder auf Kalt-Warm-Reize umzustellen. Dies geschieht bereits dann, wenn die Atemluft in der Diele nur um ein halbes °C kälter ist als die Luft im Badezimmer. Auch die Haut von Gesicht und Händen leitet solche feinen Temperaturschwankungen weiter, auf die unsere Gene innerhalb weniger Sekunden reagieren.

Über den Autor

Klaus Oberbeil ist Medizinjournalist und Fachautor für Gesundheits- und Ernährungsthemen. Bekannt ist er auch aus Fernsehen, Hörfunk und Printmedien. Der Spezialist für Molekularbiologie und Genforschung veröffentlichte bereits viele erfolgreiche Gesundheitsratgeber.

Literatur

Hellmiß, Margot: Apfelessig für Küche, Haushalt und Schönheitspflege. Ludwig Verlag. München 1997
Hellmiß, Margot: Das große Praxisbuch Apfelessig. Südwest Verlag. München 1997
Hellmiß, Margot: Natürlich heilen mit Apfelessig. Südwest Verlag. 9. Auflage, München 1997
Hellmiß, Margot/Kriegisch, Norbert: Schlank und fit durch gesundes Fasten. Südwest Verlag. 3. Auflage, München 1997
Hellmiß, Margot/Scheithauer, Falk: Der mentale Weg zur idealen Figur. Südwest Verlag. München1996
Oberbeil, Klaus: Abnehmen durch Biostoffe. Südwest Verlag. München 1996
Oberbeil, Klaus: Fit durch gesunde Ernährung. Südwest Verlag. 6. Auflage, München 1996
Oberbeil, Klaus: Fit durch Vitamine. Südwest Verlag. 11. Auflage, München 1996

Hinweis

Das vorliegende Buch ist sorgfältig erarbeitet worden. Dennoch erfolgen alle Angaben ohne Gewähr. Weder Autor noch Verlag können für eventuelle Nachteile oder Schäden, die aus den im Buch gemachten praktischen Hinweisen resultieren, eine Haftung übernehmen.

Bildnachweis

IFA-Bilderteam, Taufkirchen: 83 (Tschanz); Jump, Hamburg: Titelbild/Einkl. (Christiane Fey); Kargl Christian, München: Titelbild/Fond; Nagy Michael, München: 1, 10, 24, 28, 40, 48, 58, 72, 77, 80; Südwest Verlag, München: 62 (Hans Seidenabel); The Image Bank, München: U4 (Jake Rajs), 6 (Antony Edwards), 36 (David W. Hamilton), 45 (N.N.), 84 (Elyse Lewin); Tony Stone, München: 16 (David Hanover), 19 (Chris Harvey), 23 (Ron Boardman), 32 (Mark Harwood), 34 (Bruce Ayres), 53 (Paul Webster), 64 (Jörn Rynio), 89 (G.W. Willis/BPS)

Impressum

Redaktion:
Dr. Bertram J. Ganzfelder, Constanze Lüdicke
Projektleitung:
Nicola von Otto
Redaktionsleitung und medizinische Fachberatung:
Dr. med. Christiane Lentz
Bildredaktion:
Sabine Kestler
Produktion:
Manfred Metzger
Umschlag:
Till Eiden
Layout:
Wolfgang Lehner
DTP/Satz:
Wolfgang Lehner
Druck:
Weber Offset, München
Bindung:
R. Oldenbourg, München

Printed in Germany
Gedruckt auf chlor- und säurearmem Papier

ISBN 3-7787-3624-8

Sachregister

Rezepteregister